양치기
리더십

THE WAY OF THE SHEPHERD
by Dr. Kevin Leman & William Pentak

Originally published in the U.S.A. under the title The Way of the Shepherd
Copyright © 2004 by Kevin Leman and William Pentak
Grand Rapids, Michigan

Translated and used by the permission of Zondervan
through the arrangement of KCBS Literary Agency.
Korean edition © 2005 by GimmYoung Publishers Inc.

양치기 리더십

케빈 리먼, 윌리엄 펜택 지음

김승욱 옮김

THE WAY OF THE SHEPHERD

김영사

양치기 리더십

저자_ 케빈 리먼·윌리엄 펜택
역자_ 김승욱

1판 1쇄 발행_ 2005. 3. 31
1판 36쇄 발행_ 2023. 12. 1

발행처_ 김영사
발행인_ 고세규

등록번호_ 제406-2003-036호
등록일자_ 1979. 5. 17

경기도 파주시 문발로 197(문발동) 우편번호 10881
마케팅부 031)955-3100, 편집부 031)955-3200, 팩스 031)955-3111

값은 뒤표지에 있습니다.
ISBN 978-89-349-1761-8 13320

홈페이지_ www.gimmyoung.com   블로그_ blog.naver.com/gybook
인스타그램_ instagram.com/gimmyoung 이메일_ bestbook@gimmyoung.com

좋은 독자가 좋은 책을 만듭니다.
김영사는 독자 여러분의 의견에 항상 귀 기울이고 있습니다.

위대한 양치기에게 양떼를 이끄는 일은
단순한 직업이 아닌 삶의 일부다.

보잘것없는 햇병아리 기자였던 내가 한 주에만 벌써 세 번째 개관식을 취재하고 막 돌아왔을 때의 일이다. 내 책상 위에 부재중 메시지를 알리는 분홍색 종이가 놓여 있었는데, 종이에는 크리스티나 니클의 이름이 적혀 있었다. 이 책은 그녀가 《텍사스 스타》의 편집국으로 뜻밖의 전화를 걸어왔던 그날의 산물이다.

부장에게 잘 보이기 위해 안달이 나 있던 나는 3주 전에 크리스티나에게 전화를 걸어 세상에 모습을 잘 드러내지 않는 시어도어 맥브라이드와 인터뷰를 하게 해달라고 요청했다. 맥브라이드는 미국에서 가장 존경받는 재계 지도자로서, 제너럴 테크놀로지스(GT)의 CEO로 근무하면서 17년 동안 전례 없는 성공을 거둔 인물이다.

나는 인터뷰를 거절당할 각오를 하고 크리스티나에게 전화를 걸었다. 그녀는 곧바로 본론을 끄집어냈다.

"펜택 씨." 그녀가 말했다. "맥브라이드 회장님이 저더러 펜택 씨에게 응답전화를 드리라고 하셨어요."

"예." 나는 잔뜩 긴장해서 대답했다.

"인터뷰를 하시겠답니다."

정신이 멍했다.

인터뷰를 하던 날, 나는 약속시간보다 약간 일찍 제너럴 테크놀로지스의 본사에 도착했다. 그곳의 분위기를 먼저 파악해 보고 싶어서였다.

그곳에 들어서자마자 내 눈에 들어온 것은 두 가지였다. 첫째, 역동적인 분위기가 눈에 띄었다. 직원들이 건물 안을 바쁘게 돌아다니면서 발산하는 에너지가 느껴졌다. 둘째, 제너럴 테크놀로지스가 직원들에게 자신이 소중한 존재로 대접받고 있다는 느낌을 불어넣기 위해 대단히 애를 쓰고 있다는 느낌이 들었다. 로비와 헬스클럽에서 신용조합과 직원용 식당에 이르기까지, 심지어 엘리베이터에 설치된 평면 스크린 모니터에까지 '제너럴 테크놀로지스 : 우리의 가장 커다란 경쟁력은 바로 우리 직원들입니다' 라는 말이 쓰여 있었다.

'나도 여기에서 일하고 싶다.' 나는 40층까지 올라가면서 나도 모르게 이런 생각을 하고 있었다. '자신이 기계 속의 부품처럼 느껴지지 않는 곳에서 일하면 정말 좋을 거야.'

잠시 후 나는 시어도어 맥브라이드의 사무실로 통하는 대기실에 서서 크리스티나 니클과 이야기를 나누고 있었다.

"안녕하세요, 펜택 씨." 그녀가 말했다. "맥브라이드 회장님께서 기다리고 계십니다. 지금 해외지사들과 전화회의를 마무리 짓고 계시니까 금방 만나실 수 있을 거예요."

"예." 나는 이 기회를 놓치지 않고 탐색하는 듯한 질문을 던졌다. "저, 맥브라이드 씨와 일하신 지는 얼마나 되셨어요?"

그녀가 미소를 지으며 대답했다. "14년 됐어요."

"오랫동안 함께 일하신 걸 보니 맥브라이드 씨와 일하는 게 마음에 드시는 모양이네요."

"맥브라이드 회장님은 지금까지 제가 만난 분들 중 최고의 상사세요." 그녀가 단언했다.

"왜요?"

그 순간 전화 교환대에서 맥브라이드의 전화선 불이 꺼진 것이 그녀의 눈에 들어왔다.

"이제 들어가세요. 이쪽입니다." 맥브라이드의 방으로 통하는 문을 열면서 그녀는 내 질문에 대답했다. "맥브라이드 회장님은 우리가 최선을 다해줄 거라고 기대하시죠. 실제로 우리는 항상 최선을 다해요. 회장님 역시 우리에게 최선을 다하고 계시다는 걸 아니까요."

문이 활짝 열리고, 나는 저 전설적인 시어도어 맥브라이드와 얼굴을 마주하게 되었다. 아무리 봐도 평범한 할아버지 같은 모습이었다. 그가 먼저 입을 여는 바람에 나는 깜짝 놀랐다.

"만나서 반갑습니다, 펜턱 씨." 그가 양손으로 내 손을 꼭 잡으며 말했다. "테드 맥브라이드입니다."

갑자기 내가 반바지를 입은 아홉 살짜리 어린애가 된 것 같았다.

'내가 왜 이렇게 안절부절못하는 거지? 말도 안 돼.'

그러나 이 노(老)대가와 몇 분 동안 가벼운 이야기를 나누고 나니 마음이 편안해졌다. 그는 매력적인 사람이었으며, 내가 무슨 말을 하든 열심히 귀를 기울여주었다. 마침내 나는 거의 밤새 한숨도 자지 못하고 생각했던 문제를 끄집어냈다.

"저, 정말로 알고 싶은 것이 있는데……."

"왜 내가 인터뷰를 하겠다고 했느냐고요?" 그가 내 말을 자르며 끼어들었다.

"예." 나는 고개를 끄덕였다. "그리고 왜 지금인지도 궁금합니다."

"그건 당신이 젊고 경험이 없어서 오만에 물들지 않았기 때문입니다. 왜 지금이냐는 질문에 대해서는, 지금 당장 답을 알 필요는 없습니다. 나한테 그럴 만한 이유가 있다고만 알아두세요."

그는 내가 부루퉁한 표정이 된 것을 눈치채고 말을 이었다.

"아, 기분 나쁘게 생각지 말아요. 오늘처럼 인터뷰를 하고 싶다는 요청이 1년 동안 수도 없이 들어옵니다. 다들 노련한 언

론인과 경제 전문프로그램의 요청이지요. 하지만 이들은 이미 모든 대답을 '알고' 있습니다. 저녁 뉴스에 나와서 거드름을 피우면서 앞으로 시장이 어떻게 될 것이며 이유는 무엇인지 절대적인 확신을 갖고 떠들어대죠. 유일한 문제는, 경기가 좋아질 거라고 단호하게 단언하는 사람이 있는가 하면 경기가 나빠질 거라고 역시 단호하게 단언하는 사람이 있다는 점입니다. 오랫동안 내 회사에 대해 보도를 한 사람들이 바로 이런 사람들이죠.

한번은 선정적인 보도를 좋아하는 신문에 이런 기사가 실린 적도 있습니다. 내가 스톡옵션을 상당 부분 현금으로 전환한 후에, 우리 회사의 수익이 크게 감소할 것이라는 사실을 내가 미리 알고 있었다는 기사가 나온 겁니다. 기자는 내가 다른 사람들보다 한 발 앞서 주식을 현금화했다면서 증권거래위원회인 SEC가 나를 조사해야 한다고 썼습니다. 다들 이 기사를 읽었죠. 이건 '뉴스'였으니까요. 문제는 우리 회사의 수익이 전혀 감소하지 않았다는 겁니다. 난 단지 우리 딸아이의 결혼비용을 마련하기 위해 스톡옵션을 행사한 것뿐이에요. 내가 당신을 선택한 건, 펜택 씨, 당신이 이런 식으로 기사를 쓰지 않기 때문입니다. 당신 기사는 정직해요. 게다가 당신은 아직 젊고 이상적이라서 내가 가르치고 싶은 걸 가르칠 수도 있고요. 이미 모든 답을 알고 있는 사람들에게 최고의 경영원칙 일곱 가지를 넘겨줄 생각은 없습니다."

"최고의 경영원칙 일곱 가지요?"

내가 우물쭈물하며 물었다. 혹시 이 인터뷰가 내 생각보다 훨씬 더 굉장한 것이 되는 게 아닐까?

"그래요. 제너럴 테크놀로지스가 지난 10여 년 동안 미국에서 구직자들에게 가장 인기 있는 회사로 꼽힌 건 당연해요. 여기에는 대부분의 회사에서 찾아볼 수 없는 팀워크 정신이 있습니다. 이건 우연히 생겨난 게 아니에요."

"일곱 가지 원칙 때문에 생겨난 거라는 말씀입니까?"

"그럼요. 직원이 5만 명이나 되는 회사가 아니더라도 이 원칙들을 적용할 수 있다는 게 가장 좋은 점입니다. 이 원칙들은 어떤 상황에서도 작용해요. 누구든 이 원칙들을 알고 그대로 행동하기만 한다면 말이죠. 거대 제약회사의 영업부장이든, 작은 패스트푸드 체인점의 관리자든, 주일학교의 담당자든 상관없습니다. 어디서나 사람들은 다 똑같으니까요. 그냥 이 원칙들을 알고 그대로 따르기만 하면 됩니다."

"이 원칙들을 어떻게 생각해내셨죠?" 내가 물었다.

"내가 생각해낸 게 아니에요." 그는 딱 잘라 대답하고는 의자에서 일어나 창가로 다가갔다. "다른 사람에게서 배운 거지. 내 아버님을 제외하면, 내가 아는 한 가장 위대한 사람이 나에게 가르쳐줬습니다. 내가 당신 나이만 할 때." 그는 창 밖을 내다보며 자신의 말을 강조하기 위해 잠시 말을 끊었다가 이렇게 덧붙였다.

"자…… 이제 내가 배운 걸 당신한테 가르쳐주겠습니다."
나는 미리 준비한 질문지를 재빨리 치운 다음 백지를 꺼냈다.

1 양들의 상태를 파악하라

"그때 나는 오스틴에 있는 텍사스대학 경영학 석사과정(MBA)에서 졸업을 앞두고 있었습니다." 맥브라이드가 말했다. "마지막 학기라서 모든 학생이 끝까지 뒤처지지 않고 살아남았다며 잔뜩 들떠 있었죠. 교수들이 너무나 짧은 시간에 너무나 많은 정보를 던져줬기 때문에 우리는 소화전에서 뿜어져 나오는 물을 한 모금 마시려 하는 것 같다고 농담을 하곤 했습니다. 하지만 들떠 있는 와중에도 다들 일자리를 찾아야 한다는 생각에 캠퍼스에서 이루어지는 사원채용 인터뷰를 부지런히 쫓아다녔죠. 마침내 내가 줄곧 꿈꾸던 날이 왔습니다. 제너럴 테크놀로지스에 채용된 겁니다. 날듯이 기뻤지만…… 겁도 났습니다."

"왜요?" 내가 물었다.

"재무부서의 관리자로 채용되었기 때문에 내 밑에 직원이 아홉 명이나 있었거든요."

"그럼 일을 제대로 못해낼까 봐 걱정하신 건가요?"

"그렇기도 하고 아니기도 합니다. 재무부서에서 일하는 건 문제가 없었어요. 내가 두려웠던 건 내가 직원 아홉 명을 감독해야 한다는 사실 때문이었죠." 맥브라이드는 아련한 감회에 젖은 듯한 표정을 짓더니 천천히 고개를 저었다. "지금 생각해보면, 글쎄…… 웃음이 나옵니다. 나는 내가 뭐든 다 알고 있다고 생각하는 건방진 MBA 학생이었어요. 하지만 사람을 관리하는 문제에 대해서는 무엇부터 시작해야 하는지 전혀 모르고 있었죠."

"그래서 어떻게 하셨습니까?" 내가 캐물었다.

"우리 교수님이었던 잭 노이만 박사님을 만났죠. MBA 과정 중에 강의를 들은 적이 있었거든요. 내 정신적 스승이기도 했고요. 제너럴 테크놀로지스에 채용됐다는 소식을 들은 날, 나는 노이만 선생님께 이 소식을 빨리 알려드리고 싶어서 안달이 나 있었습니다. 도와달라고 부탁하고 싶은 생각도 있었고요."

"그럼 노이만 선생님이 일곱 가지 원칙을 가르쳐주신 거로군요."

"맞아요."

맥브라이드는 자리에 앉아 간혹 사실이라기보다 마치 소설처럼 들리는 이야기를 시작했다. 그의 설명에 따르면, 어떤 원칙이나 강의보다 노이만 박사의 가르침이 위대한 지도자가 되는 비결을 찾아내는 데 도움이 되었다고 한다. 나는 이제부터 엄청난 비밀을 듣게 될 것이라는 생각에 홀린 듯이 앉아 있었다. 맥브라이드는 지금으로부터 50여 년 전인 1957년 4월 12일로 거슬러 올라갔다.

제너럴 테크놀로지스에 채용됐다는 소식을 듣고 나는 너무도 당당하게 오스틴의 스피드웨이 애비뉴를 지나 경영대학원으로 가서 에스컬레이터 세 대를 차례로 뛰어올라 노이만 박사의 연구실로 날듯이 들어갔다.

"노이만 박사님, 저 취직됐습니다! 굉장하죠? 제너럴 테크놀로지스에 채용됐어요!"

"정말 잘됐군! 축하하네, 테드." 선생님이 내 팔을 잡으며 말했다. "GT는 아주 훌륭한 회사지. 정말 잘했네. 자네가 해낼 줄 알았어. 그래, 회사에서 무슨 일을 하게 되나?"

"재무부서의 관리자로 일할 거예요!" 내가 외쳤다.

"정말 잘됐어!" 선생님이 대답했다. "밤늦게까지 재무 관련 공부를 한 게 보람이 있구먼. 자네는 GT에 정말 필요한 인재이자 우리 MBA 과정을 대표하는 인재가 될 걸세. 자넨 잘해낼 거야."

"고맙습니다. 저도 정말 잘됐으면 좋겠어요." 나는 고개를 숙이며 말했다. "그런데 그동안 학위를 따는 데 필요한 공부며 면접 준비를 하느라 제가 이 일을 정말로 감당해낼 수 있는지에 대해서는 별로 생각해보지 못했어요."

노이만 박사가 책상 맞은편에 서 있는 나를 말없이 바라보았다. "그래, 테드, 문제가 뭔가? 일을 해내지 못할까 봐 겁이 나는 모양이지? 걱정할 필요 없어. 거의 모든 과목에서 A학점을 받은 사람이."

"저, 노이만 박사님, 재무 관련 일이 걱정되는 게 아니에요." 나는 말을 더듬었다. 내가 존경하는 분 앞에서 이토록 약한 모습을 드러낸다는 것이 당혹스러웠다.

"그럼 뭘 걱정하는 건데?"

"사람을 관리하는 일이요. 제가 직원 아홉 명을 감독해야 하거든요. 지금까지 단 한 사람도 감독해본 적이 없는데, 이제부터 무려 아홉 명을 감독해야 하다니. 노이만 박사님, 솔직히 말해서 이 생각만 하면 겁이 나서 죽겠어요. 어디서부터 시작해야 할지 감도 안 잡혀요." 나는 잠시 손만 꼼지락거리고 있다가 간신히 고개를 들어 하고 싶은 얘기를 불쑥 해버렸다. "절 좀 도와주세요."

이 말이 떨어짐과 거의 동시에 어색한 침묵이 연구실을 가득 채웠다. 아무래도 나의 정신적 스승이신 분을 내가 실망시

킨 것 같았다. 잭 노이만 박사가 가르치고 있는 곳은 미국 최고의 MBA 과정 중 하나였다.

'선생님이 시간이 없다는 걸 뻔히 알면서 내가 이런 소리를 하다니. 더구나 선생님은 이미 깨어 있는 시간의 90%를 학생들에게 내어주고 계신데.'

노이만 박사는 말없이 앉아서 뚫어져라 나를 바라보고 있었다. 머릿속으로 이런저런 생각을 하는 것 같았다. 마침내 내게는 영원처럼 느껴지는 순간이 지난 후, 선생님이 입을 열었다.

"테드, 졸업이 가까워졌을 때 들뜨지 않는 학생은 자네를 포함해서 지금까지 단 한 명도 본 적이 없네. 학생들 스스로가 아직도 학생이라는 걸 인정하기가 어렵거든. 특히 취직을 한 후에는 더욱 그렇지. 자네, 전략과 재무 관련 과목에서 아직 큰 과제를 제출해야 하지? 자네의 성적을 100% 결정하게 될 비즈니스법 최종시험도 남아 있고. 내가 자네에게 사람들을 관리하는 비결을 가르쳐줄 수는 있네. 하지만 우선 자네가 강의와 관련된 일들을 충실히 한 다음에, 지금부터 졸업 때까지 토요일마다 날 만나러 와야 하네."

이제는 내가 선생님을 뚫어져라 바라볼 차례였다. 선생님의 말씀이 옳았다. 난 실제로 들떠 있었다. MBA 과정이 내 인생에서 가장 멋진 경험 중 하나라고 생각하기는 했지만, 그때는 사실 하루라도 빨리 졸업하고 싶었다. 내가 한동안 이런 생각에 빠져 있는데 노이만 박사가 다시 입을 열었다.

"테드, 난 얼마든지 자네에게 토요일을 할애해줄 수 있네. 하지만 자네에게 배우려는 자세가 없다면 나도 시간을 내줄 생각이 없어. 내 시간의 기회비용이 너무 높으니까. 잘 생각해보고 오늘 밤에 전화해주게."

그날 저녁 나는 집으로 가서 곰곰이 생각해보았다.

'그래, GT가 날 훈련시켜줄 거야.'

하지만 노이만 박사는 단순히 책만 들여다보는 평범한 대학교수가 아니었다. 그가 올해의 교수로 여섯 번이나 선정된 데에는 그가 실질적인 경험을 갖고 있다는 점이 어느 정도 작용했다. 사실 그는 여전히 인기 있는 컨설턴트로 활동하고 있었다.

나는 별로 오래 고민하지 않았다.

"내가 미쳤지."

나는 노이만 박사에게 전화를 걸면서 혼잣말을 했다. 하지만 내가 마음을 바꿔 수화기를 내려놓기 전에 선생님이 전화를 받았다.

"여보세요." 선생님이 말했다.

"노이만 박사님······."

"그래, 테드. 어떻게 하기로 했나?"

"박사님 말씀대로 하겠습니다."

"잘 생각했네. 내일 아침 여덟 시에 스피드웨이와 이너캠퍼스 드라이브의 길모퉁이에 있는 경영대학원 앞으로 오게. 내가 그리로 지나갈 테니 내 차를 타지. 아, 그리고 더러워져도 상관없는 청바지를 입고 오게."

나는 전화를 끊었다. 수많은 의문들이 머릿속을 어지럽히고 있었다.

'내가 지금 무슨 짓을 한 거지? 청바지라고?'

나는 여전히 한 가닥 의심을 품은 채 다음날 아침 여덟 시에 선생님이 말한 길모퉁이에 서서 아무래도 내가 이 학교에서 제일 멍청한 MBA 학생인 것 같다는 생각을 하고 있었다. 이미 취직도 했는데 이게 무슨 짓이람.

잠시 후 페인트칠이 희미하게 바랠 만큼 낡은 픽업트럭 한 대가 모퉁이를 돌아 내 앞에 멈춰 섰다. 그리고 조수석 문이 열렸다. 놀랍게도 차 안에는 티셔츠와 색 바랜 청바지를 입고 낡은 카우보이 장화를 신은 노이만 박사가 앉아 있었다. 선생님이 정장이 아닌 다른 옷을 입은 모습은 그때까지 한 번도 본적이 없었다. 정신을 차리고 보니 트럭은 이미 끽끽 소리를 내지르며 텍사스의 구릉지대에 있는 노이만 박사의 목장을 향해 달려가고 있었다. 우리는 농장과 시장을 이어주는 도로를 벗어나 박사의 목장으로 향하는 구불구불한 길을 한참 달렸다. 목장은 놀라우리만큼 크고 아름다웠다.

'나도 컨설턴트나 될까?'

목장 안의 집까지 거리가 절반쯤 남았을 때, 선생님이 곁길로 차를 몰았다. 오른쪽으로 약 800미터쯤 내려가니 한쪽 편에 오래된 떡갈나무들이 줄지어 늘어서 있는 크고 아름다운 연못이 나타났다. 거대한 나무줄기들이 부챗살처럼 퍼져나가 나무 너머의 초원에 그림자를 드리웠다. 이 나무 그늘 밑에 양들이 옹기종기 모여 있었다. 노이만 박사는 길가에 차를 세우고 엔진을 껐다.

"다 왔네." 선생님이 씩 웃는 얼굴로 나를 바라보며 말했다. "내 양들이 잘 있는지 좀 봐야겠어."

나는 창 밖을 멍하니 내다보았다. "진심이세요?"

"그럼. 난 항상 아침마다 제일 먼저 양들이 잘 있는지 확인한다네. 보통 때 같으면 이 시간보다 일찍 확인했겠지만, 자네가 보고 싶어할 것 같아서 말이야."

'말도 안 돼.'

"재미있겠는데요." 나는 이렇게 말하고 나서 고개를 돌렸다. 다행히 선생님은 내 어이없어하는 표정을 보지 못했다. 나는 공부에 엄청나게 많은 시간을 투자하고 있었다. 우리가 목장에 들를 줄 알았다면, 선생님이 양들을 확인하는 동안 집에서 몇 분이라도 더 잠을 자두는 편이 좋았을 것이다. 그래도 나는 양들을 확인하는 데 시간이 얼마 걸리지 않을 것이라고 생각했다. 금방 인적자원관리법을 공부하게 될 것이라고.

"이걸 누가 알겠어요?" 나는 문을 열기 위해 손잡이로 손을 뻗으면서 말했다. "미국 최고의 경영학 교수이자 컨설턴트가 양을 기르다니!"

노이만 박사는 트럭에서 내리면서 웃음을 터뜨렸다. "이건 내 비밀이니까 함부로 퍼뜨리지 말게! 게다가 난 이 양들을 사랑해. 아주 좋은 추억들이 다시 생각나게 하거든."

"그래요?"

"난 와이오밍에서 자랐네. 아버지가 그곳에서 커다란 목장을 운영하셨지. 양을 키우셨는데, 여름이면 나는 목장 일꾼이 돼서 양들을 돌보곤 했네. 그러면서 정말 많은 걸 배웠어."

토요일 아침에 늦잠을 잘 수 있는 소중한 시간을 빼앗겨서 속이 상했지만, 너무나 강렬한 호기심이 나를 사로잡기 시작했다. 노이만 박사가 울타리 출입구로 걸어가는 동안 양들이 모두 일어서서 선생님 쪽으로 천천히 걸어오는 것이 보였다. 몸집이 크고 영양 상태가 좋은 양들이었다. 선생님이 초원으로 들어가 양의 무리 앞에 서자, 양들이 매애매애 울어대기 시작했다.

"선생님을 만나서 좋은가 봐요."

"나도 기분이 좋아. 이놈들은 하루에 적어도 두 번은 나 아니면 목장 일꾼을 만나지. 여기 초원에서 내내 내 뒤만 졸졸 따라다닌다네." 박사님은 손을 뻗어 양 한 마리를 쓰다듬어주었다. "어서 들어오게. 자네가 착하게 굴면 이놈들도 안 물어."

"예에." 나는 울타리 안으로 들어가면서 말했다. 양 몇 마리가 순간적으로 뒷걸음질을 쳤다. 그러나 내가 해로운 존재가 아니라는 것을 확인하고선 안심을 한 듯 녀석들이 노이만 박사와 마찬가지로 나를 둘러쌌다.

"아유, 냄새가 지독하네요." 내가 큰소리로 말했다.

노이만 박사가 소리 내어 웃었다. "테드, 나에게는 튤립 정원을 한가로이 거니는 것처럼 느껴지는데. 아니 자넨 대체 뭘 기대한 건가? 새 자동차 냄새라도 날 줄 알았나? 날 좀 도와주게. 양이 몇 마리나 되는지 세어주겠나?"

나는 재빨리 양들을 점검해보고 대답했다. "마흔두 마리인 것 같은데요. 녀석들이 계속 움직이기 때문에 정확하게 세기가 힘들어요."

"잘했어." 노이만 박사가 말했다. "내가 센 숫자도 마흔둘이니까. 당연히 여기 있어야 하는 숫자이기도 하고."

"잘됐네요. 그럼 이제 다 끝난 건가요?"

"아니, 아직 안 끝났네."

노이만 박사는 초원에 있는 양들을 한 마리씩 일일이 살피며 머리부터 발굽까지 샅샅이 훑어보았다. 선생님이 기생충이나 피부병이나 다른 질병이 없는지 녀석들의 피부를 조사하기 시작했을 무렵, 나는 아침을 거르기를 잘했다는 생각을 하고 있었다. 선생님은 피부 다음으로 녀석들의 발굽을 살피며 갈라진 부분이나 균에 감염된 부분이 없는지 확인하고 있었다.

"상태가 아주 좋은 것 같군." 노이만 박사가 말했다. "한 한 달 정도는 문제없겠어."

"여름 더위가 녀석들한테 영향을 미치나요?" 내가 물었다.

"음, 더위와 파리들이 문제지." 노이만 박사가 대답했다.

"파리요?" 다음 얘기는 별로 듣고 싶지 않았다.

"그래. 파리들이 여름에 나오거든. 사슴파리, 말파리, 진드기, 벼룩, 각다귀, 모기. 제일 나쁜 건 코파리야."

"코파리요?"

"양의 코 안으로 날아 들어가서 코 점막에 알을 낳거든." 노이만 박사가 설명했다. "그리고 계속 기어올라가서는 머리에서 자리를 잡지. 녀석들 때문에 양들은 미쳐 발광을 한다네. 여름이 오면 양들한테 전부 살충제를 뿌려줘야 해."

"제가 물어보길 잘했네요." 내가 말했다. 이제는 아침식사도 하기 전에 점심식사를 토해버릴 것 같은 기분이었다. "이제 다 된 건가요, 노이만 박사님?"

"거의. 울타리와 연못을 잠시 살펴봐야 하네. 오래 걸리지 않을 거야."

그 후 15분 동안 나는 노이만 박사가 연못의 수질이 식수로 쓸 수 있을 만큼 깨끗한지 확인하고 울타리를 점검하는 모습을 지켜보았다. 울타리를 점검하다가 선생님은 걸음을 멈추고 장화 뒤꿈치로 어떤 동물이 울타리 밑에 파놓은 구멍을 메우기도 했다. 나아가 선생님은 풀밭을 돌아다니면서 그새 독초가 자라나지는 않았는지 확인했다. 마침내 선생님이 말했다.

"이제 목장 안의 집으로 가세. 늦은 아침식사를 만들어줄 테니."

55분 후 아침을 든든하게 먹고 진한 커피까지 마신 우리는 식탁을 치웠다. 아직도 온기가 남아 있는 검은 프라이팬을 닦으면서 노이만 박사가 내게 물었다.

"준비됐나?"

"그럼요." 내가 대답했다. "이제 본론으로 들어가죠."

"좋았어! 가세. 내가 학교로 다시 데려다주지."

기가 막혔다.

"뭐라고요?" 내가 노이만 박사에게 항의했다. "학교로 다시 데려다주신다니요? 사람들을 이끄는 법을 가르쳐주신다며 토요일을 비워놓으라고 하셨잖아요. 지금까지 우리가 한 일이라고는 냄새나는 양떼 주위를 어슬렁거린 것밖에 없어요! 첫 번째 수업은 언제 시작하실 건데요?"

노이만 박사는 시선을 들지 않은 채 프라이팬만 차분하게 바라보았다. "수업은 벌써 했어. 그리고 녀석들은 냄새나는 양떼가 아닐세."

"무슨 말씀이세요? 수업을 벌써 했다니." 내가 고집스럽게 물었다. "제가 뭘 놓친 건가요?"

노이만 박사는 프라이팬을 내려놓고 식탁 반대편으로 걸어가서 의자에 앉았다. "자네는 이미 인적자원관리법에 대한 첫 번째 수업을 들었네." 선생님이 차분하게 말했다. "그리고 자네가 첫 수업을 놓친 게 맞아. 하지만 난 이미 예상했네. 관리자들 중에 자네 같은 사람이 많으니까."

너무 속이 상해서 점점 목이 메어왔다. 시간을 낭비했다는 생각이 들기도 했고, 내가 배우고 싶었던 것을 놓친 것 같다는 생각이 들기도 했다.

"첫 수업을 언제 하셨는데요?" 내가 풀 죽은 목소리로 물었다. "저기 풀밭에서 하신 건가요?"

"그래."

나는 멍하니 노이만 박사를 바라보았다.

"잘 듣게." 선생님이 말했다. "제너럴 테크놀로지스에서 일하게 되면 자네는 아홉 명을 관리해야 해. 지도자로서 성공하려면 자네는 양치기가 양을 대하듯이 직원들과 관계를 맺어야 하네. 테드, 자네의 재무분야 실력은 출중해. 처음 시작할 때는 뛰어난 실력이 필요하지. 하지만 정말로 성공한 사람이 되려면 이걸로는 충분하지 않네. 훨씬 더 많은 게 필요하지. 자네가 아홉 명의 직원과 잘 지내지 못한다면, 더 많은 사람들을 감독해야 하는 자리로 승진할 수는 없을 거야. 그러니까 훌륭한 지도자가 되는 법을 배우고 싶다면 양치기의 원칙을 배워야 하네."

"양치기의 원칙이라고요?" 내가 힘없이 물었다.

"그래." 노이만 박사가 말했다. "아까 내가 말했지? 내가 어렸을 때 아버지가 양을 치시던 목장에서 일했다고. 그리고 내가 와이오밍의 목장 풀밭에서 많은 걸 배웠다고."

"예, 기억나요."

"그런데 나는 아버지의 목장을 떠나 뭔가 근사한 일들이 기다리는 곳으로 가고 싶어서 안달이 나 있었네. 대도시로 가서 상업분야에서 성공하고 싶었지. 강의 첫날, 내가 자네들에게 어떻게 기업의 세계에서 빠져나왔는지 얘기했던 거 기억나나?"

"예."

"직장에서 나는 아주 잘 나가는 사람이었네. 자네처럼 나도 초급 관리자부터 시작했지. 직장을 그만둘 때는 회사의 부사장이었고 말이야."

"예."

"처음 일을 시작했을 때, 나는 벽지에서 양떼한테 시간을 낭비한다고 생각했던 시절에 사실상 사람들을 이끄는 법을 배웠다는 걸 금방 깨달았어. 그런데 보다 더 중요한 건, 내가 사람들이 스스로 따르고 싶어지는 지도자가 되는 법을 아버지의 목장에서 배웠다는 거야."

"잠깐만요, 노이만 박사님." 내가 제동을 걸었다. "지금 진심이세요?"

노이만 박사는 내 눈을 똑바로 쳐다보았다. "당연히 진심이지, 테드. 난 양치기가 양을 이끌듯이 사람들을 이끄는 법을 배웠어. 성공하고 싶다면 자네도 양치기처럼 사람들을 이끄는 법을 배워야 할 걸세."

"양치기의 원칙 말씀인가요?" 내가 물었다.

"그래. 양치기의 일곱 가지 원칙을 배우고 나면 아주 노련한 지도자가 될 걸세."

"그럼 첫 번째 원칙이 뭐죠?"

"자네가 방금 놓친 원칙을 말하는 건가?"

"우습네요. 제가 뭘 해야 하는 건데요? 진드기에 감염되지는 않았는지 부하직원들을 살펴볼까요? 노이만 박사님, 제발 좀 도와주세요. 제가 토요일에 새벽같이 일어나는 데 별로 익숙하지 않다는 걸 아시잖아요."

선생님의 얼굴에 장난기 어린 미소가 번졌다. 선생님은 식탁에서 일어나 주방으로 들어갔다. 내가 미처 뭐라고 말하기도 전에 박사는 커피 주전자를 가지고 돌아와서 잔에 커피를 부은 다음 나에게 공책을 꺼내라고 지시했다. 그리고 자리에 앉아 커피를 쭉 들이켠 후 식탁 건너편에 앉은 나를 강렬한 눈빛으로 바라보았다. 마침내 선생님이 잔을 내려놓고 몸을 앞으로 숙이면서 낮은 목소리로 말했다.

"테드, 양치기의 첫 번째 원칙은 '양들의 상태를 항상 알고 있어야 한다!' 는 걸세."

나는 필기를 하기 시작했다.

"관리자가 자기도 모르는 걸 관리할 수는 없지." 선생님이 이어서 말했다. "그러니까 자네는 일의 진행 상황뿐만 아니라 부하직원들의 상태까지도 반드시 알고 있어야 해. 많은 관리자들이 일에만 너무 관심을 쏟고, 사람한테는 충분히 신경을 쓰지 않지. 오늘 아침에 우리가 양떼 주위를 걷고 있을 때의 자네처럼 행동하는 거야. 양떼와 같이 있기는 하지만 마음은 다른 데 가 있단 말일세. 이런 관리자들은 일하는 사람이 아니라 일에만 신경을 쓰지."

"어쨌든 일을 해내야 하잖아요." 내가 말했다.

"그야 그렇지. 하지만 일을 해내는 게 바로 부하직원들이라는 걸 잊으면 안 되네. 부하직원이야말로 자네가 경쟁에서 이길 수 있게 해주는 가장 큰 자산이야. 관리자들은 자기도 같은 생각이라고 하겠지. 하지만 대개는 다 말뿐이야."

"무슨 말씀인지 알겠어요." 내가 끼어들었다. "말은 그럴듯하게 하면서 실천하지는 않는 사람 밑에서 일한 적이 있거든요. 이 사람은 뭔가 일이 잘못되기만 하면 저희를 사정없이 몰아세웠어요. 그러고는 안면을 바꿔서 저희가 자기를 위해 최선을 다해주기를 기대했죠. 하지만 일이 잘되면 저희한테는 눈곱만큼도 신경을 안 썼어요. 정말 얼마나 끔찍했던지."

"테드," 노이만 박사가 말을 이었다. "바로 이런 이유 때문에 양들의 상태를 알아야 한다는 게 양치기의 첫 번째 원칙이된 걸세."

"이 원칙을 어떻게 실천하죠?" 내가 물었다.

"첫째, 오늘 아침에 양들을 확인할 때 우리가 한 번에 한 마리씩 살폈다는 걸 잊지 말게. 제너럴 테크놀로지스에서 자네 밑에서 일하게 될 아홉 명의 사람들이 한 무리의 일원인지는 몰라도, 따로 떼어서 생각하면 다 다른 사람들이야. 그러니 자네에게서 받고 싶어하는 대접도 다 다르겠지. 내 분명히 말하지만, 사람들은 남들과 똑같이 취급받는 것에 지쳐 있네. 자네 밑에서 일하게 될 사람들은 모두 자네가 자신을 직원이 아니라 개별적인 사람으로 대접해주기를 바랄 거야."

"좋은 말씀이긴 한데요, 구체적으로 어떻게 해야 하는지……"

"자네 부하직원들 각자에게 개인적인 관심을 가져야지." 노이만 박사가 대답했다. "직원들이 가진 재주와 관심거리가 뭔지 파악할 필요가 있네. 직원들의 목표와 꿈이 뭔지, 아침에 출근할 때 직원들에게 힘을 불어넣어주는 것이 뭔지, 직업과 관련해서 어떤 포부와 불만사항을 갖고 있는지 알아야 한단 말일세. 다시 말해서 바로 이 순간에 직원들에게 강한 영향을 미치는 게 뭔지 알아야 한다는 얘기지."

"그걸 어떻게 알아내는데요?" 내가 물었다.

"정기적으로 직원들과 어울려야지." 노이만 박사가 대답했다. "내가 아까 말했지? 목장 일꾼이나 내가 적어도 하루에 두 번은 양들 사이를 돌아다닌다고. 제너럴 테크놀로지스에 들어가서 자네도 똑같이 해야 하네. 직원들 사이로 들어가야 한다는 얘기야. 눈과 귀를 항상 크게 열어두고 질문을 많이 던지게. 가장 중요한 건 지속적으로 관심을 보여야 한다는 거야. 예를 들어 어떤 직원이 아이를 병원에 데려가야 한다면서 조퇴를 신청한다면, 다음에 이 직원을 만났을 때 아이의 안부를 묻게. 직원들의 삶이 어떻게 돌아가고 있는지 항상 최선을 다해 최신 소식을 알아두어야 해. 말은 쉽지만, 마지막으로 해야 할 일을 하지 않으면 거의 불가능한 일일세."

"마지막으로 해야 하는 일이 뭔데요?"

"직원들을 진심으로 아껴야 한다는 것. 정해진 원칙을 아무리 잘 따라도 자네가 진심으로 부하직원들을 아끼지 않는다면 직원들이 만사를 제쳐두고 따를 수 있는 지도자가 되지는 못할 걸세. 자네가 직원들을 냄새나는 양떼로만 생각한다면, 직원들은 결코 자네를 위해 최선을 다하지 않을 거야. 자네의 울타리 안에 오랫동안 머무르지도 않을 거고. '사람들은 당신이 자신들을 얼마나 아끼는지 알고 난 후에야 비로소 당신의 지식에 관심을 보인다.' 이건 오래된 격언이지만 진실일세.

어쨌든 자네가 오늘 생각해볼 거리로 이 정도면 충분한 것 같구먼. 이제 자네도 가서 다른 강의에 신경을 써야지. 학교로 다시 가세나."

학교로 돌아오는 차 안에서 우리는 말없이 앉아 있었다. 노이만 박사의 말은 내게 생각할 거리를 많이 던져주었다. 나는 공책을 살짝 열고 내가 받아 적은 내용을 살펴보았다.

내가 생각에 빠져 정신을 차리지 못하는 동안 노이만 박사는 나를 경영대학원 앞에 내려주었다. 박사님의 차가 멀어지는 것을 지켜보면서 나는 앞으로 내가 짐작도 할 수 없을 만큼 많은 것을 배우게 되리라는 생각을 했다.

양치기의 원칙 1 : 양들의 상태를 파악하라

- 일의 진행 상황뿐만 아니라 부하직원들의 상태에 지속적으로 관심을 갖는다.
- 한 번에 한 마리씩 양들의 상태를 파악한다.
- 정기적으로 직원들과 어울린다.
- 눈과 귀를 크게 열고, 질문을 던지며, 직원들의 개인적인 상황에 계속 관심을 갖는다.

2 양들의 됨됨이를 파악하라

다음주 토요일 아침에 나는 차를 몰고 힐컨트리 가축 경매거래소로 갔다. 시험 준비며 학기말 리포트 준비가 한꺼번에 밀어닥쳐서 나는 전주 토요일에 있었던 일들을 거의 잊어버리고 있었다. 거래소로 가는 길에 나는 일주일 전 노이만 박사가 가르쳐주었던 교훈들을 기억 속에서 되살리려고 애썼다.

'항상 양들의 상태를 파악하라.' 나는 잠기운을 털어버리려고 애쓰면서 생각했다. '한 번에 한 마리씩 양들의 상태를 파악한다. 직원들과 어울리고, 지속적으로 관심을 갖는다.'

내가 거래소로 차를 몰고 들어갔을 때 노이만 박사가 나를 기다리고 있었다. 나는 픽업트럭들 사이에 차를 주차시키고 재빨리 차에서 내렸다. 때마침 노이만 박사가 내 차가 있는 곳으로 다가왔다.

"장화 없나?" 선생님이 내 새 신발을 보면서 물었다.

"캐주얼 신발이 어때서요?" 기분이 상해서 물었다.

"어, 아무것도 아닐세." 선생님이 말했다. "하지만 오늘 아주 재미있을 거야."

바로 그때 나는 무심코 숨을 깊이 들이쉬다가 생전 처음 맡아보는 역겨운 냄새를 맡았다. 건초 썩는 냄새, 거름 냄새, 동물들의 악취 등이 뒤섞인 이 지독한 냄새는 이동식 화장실에서 나오는 악취 못지않았다.

'양들한테서 악취가 난다는 얘기는 절대 하지 말자.' 나는 선생님이 양들의 냄새에 대해 약간 예민하게 반응했던 것을 기억하고는 이렇게 다짐했다. 하지만 결국은 내 콧구멍이 벌름거리는 바람에 선생님이 눈치를 챈 것 같았다.

"이런." 노이만 박사가 눈을 찡긋했다. "신선한 시골 공기가 마음에 드는 모양이구먼!"

"어, 그게, 차라리 스모그가 낫겠어요."

노이만 박사가 크게 웃어젖혔다. "냄새 때문에 죽지는 않을걸세. 자, 이리 오게. 자네에게 보여주고 싶은 게 있어."

나는 선생님과 보조를 맞추려고 애쓰면서 선생님 뒤를 따라 경매장으로 향했다. 그러나 오래지 않아 선생님보다 몇 걸음 뒤처지고 말았다. 가축들이 있는 곳은 온갖 크기, 모양, 색깔의 똥덩어리들이 널려 있는 지뢰밭이었다. 똥을 피해 펄쩍펄쩍 뛰면서 나는 뒤처지지 않으려고 애썼지만, 아까 내가 했던 멍청한 질문이 자꾸만 떠오르는 것은 어쩔 수 없었다. "캐주얼 신발이 어때서요?"라니.

경매장에 들어가보니 동물 우리 주위에 알루미늄 의자가 여러 층으로 둥글게 배치되어 있었다. 알루미늄 의자 맞은편에는 경매인과 조수들을 위한 커다란 벤치가 조금 높게 솟아 있었다. 카우보이 모자를 쓴 차림으로 방 안을 가득 채운 목장 사람들은 우리 한가운데에 있는 암양을 사려고 열심히 가격을 불러댔다. 경매에 참여한 사람들 바로 앞에는 경매인의 조수 세 명이 약간 낮은 곳에 서서 사람들을 훑어보며 새로 가격을 부르는 사람들을 찾아냈다. 한없이 단조롭게 이어지던 경매인의 목소리는 목장 사람이 새로 가격을 부르려고 손을 들 때마다 잠깐씩 끊겼다. 그러면 조수 한 사람이 한 손으로는 허공을, 다른 한 손으로는 가격을 부른 사람을 가리키며 소리쳤다.

"여기!"

우리는 뒤에 서서 경매를 지켜보았다. 경매에 붙여질 동물들이 차례로 우리 안으로 들어왔다. 노이만 박사가 내 쪽으로 몸을 기울이며 속삭였다.

"여기가 바로 출발점이야. 커다란 팀을 만들어서 이끄는 일이 여기서부터 시작된단 말일세. 양을 치는 목장 사람들이 여기서부터 자신의 양떼를 구성하거든."

잠시 동안 우리는 방 안에서 벌어지는 일에 주의를 집중했다. 경매인의 조수들이 계속 "여기" "여기" "여기"라고 외치는 소리가 들려왔다.

"알겠어요." 내가 말했다. "별로 어려워 보이지 않는데요. 여기서 마음에 드는 양이 나타나면 손을 들고 입찰을 하는 거죠? 그게 뭐 어렵겠어요?"

이때 경매인이 나무로 된 봉으로 책상을 두드리며 소리쳤다. "낙찰!"

노이만 박사가 나를 향해 몸을 기울였다. "이제 잘 보게."

경매인이 동물이 판매됐음을 기록하자, 거의 모든 목장 사람이 주머니에서 종이를 꺼내 뭐라고 휘갈겨 쓴 다음 다시 주머니에 집어넣었다. 노이만 박사가 말을 이었다.

"입찰은 쉬워. 목장 사람들은 경매장에 오기 전에 벌써 자세히 조사를 하지. 저 사람들은 각 동물의 가격을 확인하면서 자기 마음에 드는 녀석이 나올 때까지 기다린다네. 중요한 건 저 사람들이 자기가 원하는 게 뭔지 알고 있다는 사실이야."

"원하는 게 뭔데요?" 내가 말했다.

"이리 오게. 내 보여줄 테니. 가서 양들이 있는 우리를 한번 보세."

노이만 박사가 쏜살같이 걸어가기 시작했다. 나는 신발에 더러운 것이 묻지 않도록 조심하면서 가능한 한 빨리 박사를 따라갔다.

양들이 갇혀 있는 우리들 중 하나에 도착한 노이만 박사가 나를 보며 말했다.

"자, 자네가 경매를 하러 나온 목부라고 생각해보게. 여기 있는 녀석들 중 어떤 녀석한테 입찰을 하겠나?"

"글쎄요, 저놈이 꽤 괜찮아 보이는데요."

사실 나는 양들이 서로 어떻게 다른지 잘 알 수가 없었다.

"잘못 선택했구먼." 노이만 박사가 단언했다.

"어째서요?" 내가 물었다. "제가 보기에는 다들 비슷비슷해 보이는데요. 좋은 놈은 어디가 어떻게 다른 거죠?"

"자세히 살펴보게." 노이만 박사가 말했다. "잘 살펴봐."

노이만 박사는 몸을 수그리며 내가 고른 양의 결점들을 지적했다.

"등의 선이 똑바른 놈을 골라야 하네. 저놈처럼 울퉁불퉁하면 안 돼. 다리는 단단하고 똑발라야 하고, 어깨는 홀쭉해야 하며, 갈비뼈와 가슴의 너비도 상당해야 하네."

"그게 왜 중요한 거죠?"

"건강하고 새끼를 잘 낳는 녀석을 골라야 하니까. 바로 이런 걸세, 테드. 목부로서 자네가 어떤 양을 고르느냐에 따라 양떼 관리가 쉬워질 수도 있고 어려워질 수도 있어.[1] 자네가 양을 잘못 사면, 다른 사람이 만들어놓은 잘못을 그대로 이어받는 셈이 되네."

나는 잠시 생각한 뒤 말했다. "미식축구의 드래프트 같은 거군요. 각 팀은 자기들이 어떤 선수를 골라야 하는지 아주 구체적으로 알고 있죠. 최고의 팀을 구성하면 대개 이기게 마련이라는 걸 잘 알고 있으니까요."

"좋은 비유일세." 노이만 박사가 말했다.

"고맙습니다." 내가 대답했다. "그럼 저는 제너럴 테크놀로지스에서 건강하고 생산적인 팀을 구성하기 위해 뭘 중요하게 생각해야 하죠?"

"좋은 질문일세. 자네도 생각을 좀 하는구먼." 노이만 박사가 말했다. "나는 옛날에 관리자로 일하면서 새로 사원을 뽑기 위해 면접을 할 때마다 항상 지원자가 회사에 잘 맞는지, 앞으로 하게 될 업무에 잘 맞는지 확인하려고 애썼네. 또한 기존의 직원들이 현재의 업무에 잘 맞는지도 확인하려고 노력했지."

"어떻게요?"

노이만 박사가 미소를 지었다. "글쎄, 양들처럼 회사 안의 사람들도 각자 독특한 됨됨이와 기질을 갖고 있다네. 그래서 나는 직원들이 업무에 잘 맞는지 알아보기 위해 직원들의 됨됨이를 살펴봤지."

나는 잠시 생각을 하면서 이 이야기의 요점을 잡아내려고 했다.

"어쩔 수 없군요." 마침내 내가 말했다. "솔직히 얘기할게요. '직원들이 업무에 잘 맞는지 알아보기 위해 직원들의 됨됨이를 살펴본다'는 게 무슨 뜻이죠? 그러다가 입장만 곤란해지는 거 아니에요?"

노이만 박사는 울타리 위로 올라가서 주머니에서 종이를 한 장 꺼내더니 내게 올라오라는 손짓을 했다. 그리고 종이 왼쪽에 '됨됨이SHAPE'라는 단어를 썼다.[2]

"내가 사각형 못을 동그란 구멍에 넣으려고 하는 게 아닌지 확인할 때 살펴보는 건 바로 이런 걸세."

S - 강점 Strength

"첫째, 나는 직원들 각자가 맡은 일을 하는 데 필요한 능력을 갖고 있는지 본다네. 때로는 직원들이 일을 하면서 필요한 능력을 얻기도 하지. 때로는 처음 일을 시작하는 날부터 이미 능력을 갖고 있어야 하는 경우도 있고. 해당 직원이 어떤 일을 하느냐에 따라 다르네. 중요한 건 내가 항상 약점이 아니라 강점을 발휘할 수 있는 자리에 직원들을 배치하려 한다는 걸세. 그러니까 자네 팀에 속한 사람들, 혹은 곧 팀원이 될 사람들의 강점을 파악하는 것이 첫 단계일세."

H - 가슴 Heart

"강점이 능력을 의미한다면, 가슴은 열정을 의미하지." 노이만 박사가 설명했다. "똑똑하고 능력은 있지만 일에 전혀 의욕이 없는 사람들로 가득 찬 기업만큼 흔한 건 없다네. 강점을 발휘할 의욕이 없다면 능력이 아무리 뛰어나도 소용이 없지.

그래서 나는 직원들이 무엇에 열정을 느끼는지 알아내려고 애
쓴다네. 직원들 스스로가 열정을 느끼는 분야에 배치한다면
아침마다 쏜살같이 일터로 달려올 테니까. 그리고 일터를 단
순히 돈을 벌기 위한 곳이라기보다는 아주 의미 있는 곳으로
생각하게 되겠지. 이건 엄청난 차이일세."

A - 태도 Attitude

"이건 아무리 강조해도 지나치지 않네." 노이만 박사가 말했
다. "누구나 적극적이고 의욕이 넘치는 사람을 원하지. 재능과
태도 사이에서 고르라면, 난 항상 태도를 고를 걸세."

"왜요?"

"우선 태도가 좋은 사람은 대개 다른 사람들과 협력을 잘하
는 경우가 많아. 그리고 대개 남들의 가르침을 잘 받아들이지.
부정적인 태도를 가진 사람들은 혼자 따로 노는 경향이 있네.
이들에게는 아무것도 가르칠 수가 없어."

"이상적인 세계라면 재능보다 태도를 선택해도 되겠죠. 하
지만 태도가 나쁜 사람의 능력이 제일 좋다면요? 그럼 어떻게
하죠?"

노이만 박사가 잠시 입을 다물었다가 말했다. "테드, 능력은
좋지만 태도가 나쁜 사람들은 잘라버리게."

"하지만 능력이 제일 좋은 사람을 잘라버리면 팀의 실적이
떨어지잖아요. 오히려 이 사람이 적극적인 태도를 갖게 만드

는 편이 더 낫지 않을까요?"

"아니. 부정적인 태도를 가진 사람들은 뭔가를 배우려는 생각이 없네. 이런 사람을 팀에서 제외해버리면 단기적으로는 팀이 손해를 보겠지. 하지만 장기적으로는 얘기가 달라. 능력은 좋지만 태도가 나쁜 사람이 다른 팀원들에게 항상 짐이 된다는 사실을 잊으면 안 되네. 능력이 좋은 사람을 쓰면 그 대가로 팀원들이 항상 동요하는 상황을 감수할 수밖에 없지. 부정적인 태도를 가진 사람들은 천성적으로 다른 사람들을 동요시킨다네. 자기들도 어쩔 수가 없어."

노이만 박사는 심호흡을 한 번 하고 나서 다시 말을 이었다. "부정적인 태도를 가진 사람들을 잘라버려야 하는 중요한 이유가 하나 더 있네. 이 사람들은 다른 직원들에게 아주 나쁜 모범이 돼. 만약 자네가 능력 때문에 부정적인 태도를 가진 직원과 타협한다면, 다른 직원들도 이 직원의 나쁜 버릇을 배우게 될 걸세. 어떤 한 사람의 나쁜 태도가 사무실 전체로 암처럼 번져나가는 걸 직접 본 적이 있지."

"그건 맞는 말씀이에요." 내가 동의했다. "학부 시절에 은행에서 여름방학 기간 동안 인턴으로 근무한 적이 있어요. 저는 거기서 일할 수 있게 된 것이 너무나 기뻤죠. 그런데 은행 직원들 중에 모든 걸 비판만 하는 사람이 있었어요. 이 사람은 경영진이 저지른 실수를 계속 지적했죠. 오래지 않아 저는 일을 빨리 그만두고 싶어서 안달이 났어요. 얼마 후에는 애당초 거기서 일하기로 한 것이 잘못인지도 모른다는 생각이 들었고요."

"바로 그걸세." 노이만 박사가 말했다. "부정적인 태도를 가진 사람들은 '항상 남의 떡이 더 크다고 생각하는' 증세를 퍼뜨리지. 우리가 목장에서 초원을 걸을 때, 내가 울타리 밑의 구멍을 메운 거 기억나나?"

"그럼요." 내가 말했다.

"그 구멍을 파놓은 암양은 내가 가진 양들 중에서 제일 좋은 녀석이었네.[3] 내 목장의 양들 중에서 이 녀석의 털이 제일 예뻤지. 소털처럼 튼튼하기도 하고. 유일한 문제는 녀석의 태도가 나쁘다는 거였네."

"양한테도 태도라는 게 있는 줄은 몰랐어요!" 내가 소리 내어 웃으면서 말했다.

"있어. 녀석은 저보다 어린 암양들한테 제가 대장이라는 걸 과시하려고 어린 암양들을 항상 머리로 받곤 했네. 게다가 울타리를 몰래 빠져나가려고 하기까지 했어. 항상 이웃 목장으로 들어갈 길이 없나 궁리를 했으니까. 우리 집 풀밭이 텍사스 구릉지대에서 제일 풀이 우거진 곳인데도, 녀석은 항상 울타리 건너편의 풀이 더 푸르다고 생각한 거야. 어린 양들이 이 녀석을 따라서 울타리 밑을 파기 시작하는 걸 보고 나는 아무래도 무슨 조치를 취해야겠다고 생각했네. 녀석이 우리 목장에서 사는 걸 즐겁게 생각해줬으면 좋으련만, 녀석은 제가 가진 것만으로는 만족하질 못했어."

노이만 박사는 잠시 말을 끊었다가 다시 시작했다. "지금 생각해보니, 녀석이 오래전 대학에서 나와 같이 일했던 동료 교수와 닮은 것 같군. 이 야심만만한 젊은 교수는 학장한테 일부러 다른 대학에서 자기에게 아주 좋은 조건을 제시했다고 얘기했지. 지금 있는 학교를 떠날 생각이 없으면서도 상황을 이용해서 자기 연봉을 올리려고 한 거야."

"그래서 학장님이 어떻게 하셨어요?" 내가 물었다.

"안경을 고쳐 쓰고, 보청기 볼륨을 높이고, 가죽 의자에서 일어나 책상 가장자리로 뒤뚱뒤뚱 걸어가서는 그에게 손을 내밀면서 이렇게 말씀하셨지. '새로운 직장에서 잘되기를 바라네. 내가 가장 먼저 축하해주는 사람이 되고 싶구먼. 자네처럼 똑똑한 친구의 앞길을 가로막을 생각은 조금도 없네.' 그러고 나서 학장은 이미 학기말 시험도 끝났으니 연구실을 빨리 비워줬으면 좋겠다고 했어. 하루라도 빨리 새로운 교수를 찾아야 하니까 말이야."

노이만 박사는 쿡쿡 웃었다. "아주 오랫동안 이 일을 생각해본 적이 없는데. 그가 학장실로 들어올 때는 늙은 학장을 어떻게든 구워삶을 수 있을 거라고 생각했겠지만, 막상 방을 나갈 때는 마치 매 맞은 강아지 같았네."

"그분이 커다란 교훈을 얻었겠네요." 내가 말했다.

"그건 다른 교수들도 마찬가지지." 노이만 박사가 대답했다. "학장에겐 불만과 야망으로 가득 찬 한 사람 때문에 다른 교수

들까지 전부 남의 떡이 더 크다고 생각하는 증세에 감염되도
록 내버려둘 생각이 없었으니까."

"그럼 선생님은 문제를 일으킨 암양을 어떻게 하셨어요?"

"한마디로 대답해주지, 테드. 양고기! 자, 이제 나머지 두 항
목을 마저 얘기하고 목장으로 돌아가세나. 할 일이 있으니 시
간을 낭비할 수는 없잖은가."

P - 성격 Personality

"사람은 누구나 남들과 다른 성격을 갖고 있네." 노이만 박
사가 말했다. "외향적인 사람도 있고, 내성적인 사람도 있지.
반복적인 걸 좋아하는 사람도 있고. 이런 사람들은 내일도 직
장에서 오늘과 똑같은 일을 하게 되리라는 사실을 좋아해. 하
지만 다양한 걸 접할 수 없다면 차라리 감옥으로 기어들어가
서 죽는 편이 낫다고 생각하는 사람도 있지. 그런가 하면 조직
안에서 잘해나가는 사람도 있고, 변화무쌍한 곳에서 잘해나가
는 사람도 있네. 중요한 건 직원들을 각자 성격과 맞는 자리에
배치하는 거야. 내 한 가지 알려주지. 제너럴 테크놀로지스는
6개월마다 모든 걸 바꾼다네. 나라면 변화를 참지 못하는 사람
을 채용할 때 아주 신중을 기할 거야."

E - 경험들 Experiences

"테드, 내가 단순히 경험이라고 하지 않았다는 게 중요하네.

'경험들'이야. 이 마지막 항목이 제일 모호하지만, 반드시 언급해야 할 항목이기도 하지. 우리가 인생을 살아오며 경험한 일들이 바로 우리 자신을 만든다네. 어떤 사람의 다양한 경험들을 아는 것이 이 사람을 이해하고 이 사람을 어떤 자리에 배치해야 할지 판단을 내리는 열쇠가 되는 경우가 많지. 이 항목에 대해서 구체적인 규칙을 제시해줄 수는 없지만, 예를 하나 들어줄 수는 있네."

"그래 주시면 고맙죠."

"내가 회사에 들어간 지 별로 오래되지 않았을 때, 우리 고객들과 함께 일하게 될 프로젝트 관리자를 고용해야 할 일이 생겼네. 난 고객들을 많이 상대해봤기 때문에, 고객들이 요구가 대단히 많고 구체적인 걸 원한다는 사실을 알고 있었지. 고객들은 각자 우리가 자기 프로젝트에만 전력을 쏟아야 한다고 생각하고 있었네. 게다가 다들 하루빨리 프로젝트를 완성하고 싶어했어. 그래서 상황이 아주 위험해졌지. 난 이 일을 맡을 사람을 아주 신중하게 골라야 한다는 걸 알고 있었네."

"그래서 어떻게 하셨어요?" 내가 물었다.

"난 전직 목사를 골랐네." 노이만 박사가 대답했다.

"목사를 골랐다고요?"

"그래, 목사. 내 동료들도 대부분 지금 자네 같은 반응을 보였네. 다들 그랬어. '그는 아무런 경험도 없다. 기업이 어떤 곳인지 모르는 사람이다. 그가 할 줄 아는 거라고는 일요일에 설교하는 것밖에 없다.' 상당히 시끄러웠지." 노이만 박사는 말을 계속했다. "하지만 난 상황을 제대로 파악하고 있었네. 그가 이 일에 딱 맞는 능력과 열정과 태도를 갖고 있다는 걸 알고 있었어. 게다가 나는 훨씬 더 중요한 것도 알고 있었지."

"그게 뭔데요?"

"그가 다른 사람들과 함께 일한 경험이 많다는 것. 자존심 강한 사람들과 함께 일할 수 있는 사람이 있다면, 바로 그와 같은 사람일 거야."

"정말로 능력이 있었나요?"

"음, 사각형 구멍에 딱 맞는 사각형 못이었다고 해두지!"

내 자동차로 돌아오는 길에 노이만 박사는 내게 팔을 걸치고 아버지 같은 조언을 몇 가지 해주었다. 그 순간 나는 우리의 관계가 단순한 사제지간에서 정신적 스승과 피후견인의 관계로 나아가고 있음을 깨달았다. 물론 지금은 당시 노이만 박사가 양치기처럼 나를 이끌기 시작했다는 것을 알고 있지만.

"테드, 두어 가지 더 말할 게 있네." 노이만 박사가 말했다.

"아, 예. 뭔데요?"

"내가 지금 자네에게 가르치는 것을 다른 사람들을 대할 때만 써먹어야 한다고 생각지는 말게. 이건 자네 자신을 위한 가르침이기도 해."

"무슨 말씀이세요?"

노이만 박사는 생각에 잠긴 얼굴로 바닥을 내려다보더니 다시 나를 바라보았다. 그리고 걸음을 늦추지 않은 채 말했다.

"테드, 대부분의 사람들은 오랫동안 자신의 천직을 찾아 헤매지. 나도 그랬네. 이것저것 일도 해보고 꽤 잘하기도 했지만, 항상 뭔가 빠진 것 같다는 생각을 했어. 가르치는 일을 직업으로 삼을 때까지 나는 마치 동그란 구멍에 박힌 사각형 못이 된 것 같은 기분이었네. 그런데 강의실에 들어서는 순간 나는 마침내 내 삶의 목표를 찾았다는 걸 깨달았어. 가르치는 일에는 내 됨됨이가 반영되어 있네. 특히 무엇보다도 나의 강점, 열정, 태도, 성격 등이 반영되어 있지. 게다가 내가 기업에서 일하며 경험한 일들을 강의에 이용할 수도 있고. 테드, 만약 천직을 찾고 싶다면, 최소한 자네가 성공할 가능성이 가장 높은 분야에서 일하고 있다는 것만이라도 확인하고 싶다면, 자네의 됨됨이SHAPE를 살펴보고 자네가 주어진 일에 잘 맞는지 확인해보게."

우리는 내 자동차 문 앞에서 걸음을 멈췄다. 노이만 박사가 선언하듯이 말했다.

"오늘 밤에 할 숙제를 내주겠네. 자네의 됨됨이를 간략하게 정리해서 글로 써봐."

그리고 나서 선생님은 내 어깨를 두드리며 씩 웃었다.

"노이만 박사님, 말씀하실 게 두어 가지라고 하셨잖아요?" 내가 선생님의 기억을 일깨웠다. "나머지 하나는 뭐죠?"

"글쎄, 내가 자네라면 차에 타기 전에 신발을 먼저 닦겠네."

나는 신발을 내려다보고 하마터면 비명을 지를 뻔했다.

"내 신발! 새 신발인데! 아무리 씻어도 깨끗해지지 않을 거예요! 쇠똥이랑 흙범벅이잖아요." 나는 화가 나서 노이만 박사를 바라보았다. "휴지도 없는데. 어떻게 하죠?"

"나도 잘 모르겠네." 노이만 박사가 말했다. "위기관리에 관한 강의를 하나 듣는다면 어떨지. 어쨌든 자네는 똑똑한 학생일세, 테드. 그러니 이 일도 잘 처리할 수 있을 거야."

나는 어쩔 수 없이 차 안에 있던 학교 신문을 더럽혀야 했다. 나는 차 안에 앉아 생각에 잠겼다. 노이만 박사는 원래 사려던 양을 사려고 안에 들어가 있었다. 그때 나는 뭔가를 해낼 수 있을지 별로 자신이 없었다. 그러나 노이만 박사와의 두 번째 수업에 관해 몇 가지 메모를 하고 난 후, 나는 사람을 관리하는 일에 대해 호감이 생기기 시작하는 것을 느꼈다.

양치기의 원칙 2 : 양들의 됨됨이를 파악하라

어떤 양을 선택하느냐에 따라 양떼를 관리하기가 쉬워질 수도 있고 어려워질 수도 있다.

처음부터 건강한 양을 고른다. 그렇지 않으면 다른 사람이 만들어놓은 문제를 이어받게 될 것이다.

양들이 제대로 된 위치에 있는지 확인하기 위해 양들의 됨됨이SHAPE를 파악한다.

3 양들과 일체감을 갖도록 하라

경매소에서 목장까지 차를 몰고오는 몇 분 동안 나는 노이만 박사의 말을 곰곰이 생각해보았다. 그동안 나는 학교를 무사히 졸업하는 데에만 온 신경을 쏟았기 때문에 내게 가장 잘 맞는 일이 어떤 것인지 별로 생각해본 적이 없었다. 내가 확실히 알고 있는 것이라고는 제너럴 테크놀로지스처럼 커다란 회사에서 일하고 싶다는 것뿐이었다.

나는 내 밑에서 일하게 될 아홉 명의 사람들에 대해 생각해보았다. 그들을 정확한 자리에 배치하는 것에 이 작은 부서의 성공이 달려 있다는 사실을 이제 알 것 같았다. 그들이 지금 자신의 강점과 열정을 잘 발휘할 수 있는 일을 맡고 있는지 궁금했다.

"직원들이 자기 일에 열정을 가져야 하는데." 나는 소리 내어 중얼거렸다. "직원들이 아침에 기대에 부풀어서 출근해야 하는데."

내가 앞으로 어떤 양치기나 지도자가 되는가에 따라 내가 거느리게 될 작은 양떼의 능력은 물론, 이 양떼에 속한 직원들 각자의 성취도 달라질 수 있다는 사실이 점점 실감나게 느껴졌다.

내가 헛간 진입로에 차를 세우자마자 노이만 박사도 자신의 낡은 트럭을 내 차 옆에 주차시켰다. 트럭 화물칸에는 커다란 암양 한 마리가 서 있었다. 나는 이처럼 큰 양을 본 적이 없었다. 뭐, 내가 양을 많이 본 건 아니지만.

"이리 와서 좀 도와주게." 노이만 박사가 열린 창문 뒤에서 말했다. "저 녀석을 내려서 저쪽에 있는 우리에 넣어줘. 그동안 나는 헛간에서 몇 가지 도구를 꺼내올 테니. 내 그리로 금방 가겠네. 이제 자네에게 다음 교훈을 가르쳐줄 때가 거의 다 됐어."

몇 분 후에 노이만 박사가 새로 사온 암양과 나는 우리 안에서 서로를 노려보고 있었다. 그런데 녀석이 나보다 더 차분한 것 같았다. 확신할 수는 없지만, 내 생각에는 녀석이 도리어 나를 우리 안으로 끌고 들어갔던 것 같다. 시선을 들어보니 노이만 박사가 내가 익히 알고 있는 미소를 띠며 울타리 기둥 옆에 서 있었다.

"이제 자네에게 다음 교훈을 가르쳐줄 때가 됐군." 노이만 박사가 말했다.

"미리 말씀해주셔서 고맙네요." 내가 바지에 묻은 양털과 흙을 털면서 대꾸했다. "다음 교훈이 뭔지 빨리 알고 싶어서 죽을 지경인데요."

노이만 박사가 다가와 내 어깨에 손을 얹었다.

"저 녀석한테 자네의 표식을 붙일 때가 됐네."

"저…… 도대체 무슨 뜻이죠?"

"자네가 저 녀석에게 꼬리표를 붙여줘야 한다는 얘기야." 노이만 박사가 나를 똑바로 바라보며 대답했다.[1]

"어떻게 하는 건데요?"

"이걸로 하면 되네."

박사의 손바닥에는 턱과 손잡이가 길고 바늘처럼 물체를 꿰뚫는 이빨을 가진 스테인리스 펜치가 놓여 있었다. 펜치 옆에는 숫자와 노이만 목장의 상징이 새겨진 밝은 노란색 꼬리표가 있었다. 지난주에 노이만 박사와 함께 목장을 거닐었을 때 양들의 귀에서 비슷한 꼬리표를 본 기억이 났다.

"이걸 귀에다 다는 거예요?" 아니라는 대답을 내심 기대하며 내가 물었다.

"응." 노이만 박사가 꼬리표와 펜치를 내 손바닥에 놓으며 말했다.

"그러면 아프지 않을까요? 정말로 아플 것 같은데. 안 그래요?"

"아프지." 노이만 박사가 대답했다. "아주 많이 아파. 귀는 민감한 부위거든."

"그럼 왜 다는 거죠?" 내가 펜치를 다시 노이만 박사에게 돌려주면서 말했다. "무엇 때문에요?"

"저 암양이 우리 집 양떼에 속한다는 걸 이 꼬리표가 알려주기 때문이지. 양들을 아끼는 훌륭한 양치기라면 저 녀석한테 이 꼬리표를 붙여줄 걸세."

노이만 박사가 나에게 펜치를 다시 가져가라는 듯이 손바닥을 펼쳤다. 우리는 서로를 뚫어져라 쳐다보았다. 잠시 후 나는 항복할 수밖에 없었다. 나는 펜치를 다시 집어들었고, 노이만 박사가 내게 방법을 가르쳐주었다. 나는 우리 안으로 걸어 들어갔다. 조금 전 나는 이 멍청한 양에 대해 오로지 분노만을 느꼈다. 하지만 지금은 양이 불쌍하다는 생각과 죄책감뿐이었다. 그런데 저 튼튼한 암양과 처음 대면했을 때의 일이 생각나서 혹시 내가 내 귀에 꼬리표를 붙이게 될지도 모른다는 생각이 들었다.

차갑고 묵직한 스테인리스 펜치의 느낌은 내가 이제부터 저 힘없는 짐승에게 고통을 가하려 한다는 사실을 일깨워주었다. 나는 펜치를 녀석의 귀에 가져다 대면서 녀석을 단단히 붙들어야 했다. 그리고 손잡이를 강하게 눌러서 핀과 꼬리표를 녀석의 피부 속으로 박아 넣었다. 깜짝 놀란 양은 아픔 때문에 내게서 도망치려고 했다. 나는 가능한 한 빨리 펜치에서 힘을 빼며 녀석을 놓아주었다. 그래야 녀석의 민감한 귀 조직이 찢어지지 않을 테니까. 기분이 정말 끔찍했다.

"이리 나오게. 이제 집으로 가서 콜라를 마시면서 잠시 얘기를 좀 하지."

몇 분 후에 우리는 선생님의 집에 앉아서 땀을 식히고 있었다.

"기분이 정말 끔찍했어요." 내가 침묵을 깨고 말했다.

"자네도 고통스러웠지?"

"예. 하고 싶지 않은 일이었어요."

"이 일에 익숙해지는 게 좋을 걸세. 영역을 지키려면 어쩔 수가 없어." 노이만 박사가 단언했다. "지도자의 자리에 있다 보면, 부하직원들에게 고통을 줄 수밖에 없을 때가 있다네. 징계를 내릴 때도 있고, 인사고과에서 낮은 점수를 줄 때도 있고, 직원을 내보내야 할 때도 있지. 이런 것도 그리 즐거운 일은 아니지만, 훌륭한 양치기라면 결국 하게 될 걸세."

선생님의 말을 이해했다는 뜻으로 고개를 끄덕이며 내가 말했다. "하지만 한 가지 궁금한 게 있어요. 제가 펜치로 귀에 구멍을 뚫었을 때, 녀석이 움찔하면서 도망치려고 하기는 했지만 소리를 지르지는 않았어요. 이유가 뭐죠?"

"음, 가끔 양들은 지상에서 가장 멍청한 동물이 되지. 몸무게가 18킬로그램인 양이 울타리에 뚫린 15센티미터 크기의 사각형 구멍을 빠져나가려고 펄쩍펄쩍 뛰는 걸 본 적도 있네. 그러니 녀석들이 머리가 별로 좋은 편이 아니라는 걸 알 수 있을 거야. 하지만 때로는 녀석들이 아주 약삭빠르게 굴 때도 있네. 녀석들은 코요테에게 맞서서 자신을 지킬 수 있는 유일한 방법은 양떼에게서 멀어지지 않는 것이라는 사실을 알고 있지. 사실 이 역시 그리 대단한 방법은 아니지만. 어쨌든 그래서 녀석들이 무리를 짓는 본능이 그토록 강렬한 걸세. 녀석들은 코요테가 무리 중 가장 약한 녀석을 골라서 잡아먹는다는 걸 알고 있어. 그래서 고통을 느껴도 소리를 지르는 경우가 드물지. 소리를 지르면 사냥꾼의 주의를 끌게 될 테니까."

노이만 박사는 시선을 옮겨 나를 바라보았다. "이제 자네가 제너럴 테크놀로지스에서 이끌게 될 양떼에 대해 얘기해보세. 같은 울타리 안에 들어 있는 양들을 어떻게 한 무리로 모으겠나?"

"글쎄요, 경매소에서 선생님과 나눈 이야기 덕분에 팀원을 잘 골라서 각자의 됨됨이에 맞는 자리에 배치하는 것이 첫 단계라는 건 알고 있어요."

"맞았어. 내 얘기를 잘 듣고 있었구먼." 노이만 박사가 말했다. "그렇게 하면 팀원들이 각자 자신 있는 분야에서 일을 하게 되지. 간단히 말해서 팀원들이 유능하게 일을 해낼 뿐만 아니라 일을 하면서 성취감도 어느 정도 느끼게 된다는 얘길세. 하지만 이게 전부는 아니야. 팀원들 각자의 실적뿐만 아니라

팀 전체의 실적도 좋아지기를 바라는 게 지도자니까."

"그건 어떻게……?"

"조금 전에 자네가 했던 일을 하면 되네."

"귀에다 꼬리표를 붙이라고요?" 내가 미소를 지으며 말했다.

"양들에게 자네의 표식을 찍는 걸세." 노이만 박사가 대답했다. "아까 내가 말했지? 꼬리표는 양이 어떤 양떼에 속하는지 알려주는 구실을 한다고. 테드, 사람들도 여러 면에서 양들과 많이 비슷하다네. 양처럼 사람들도 무리를 지으려는 본능이 강하지. 소속감을 느끼고 싶어하는 욕구가 엄청나. 위대한 지도자는 이런 본능을 제대로 이해하고 이용한다네."

"어떻게 하는데요?" 내가 물었다.

"위대한 지도자는 부하들에게 자신이 어떤 사람이며, 무엇을 위해 일하는지를 개인적으로 각인시킴으로써 부하들에게 의미와 소속감을 불어넣지. 이 각인이 사람들을 묶어주고 지도자와 일체감을 갖게 만드는 기초가 되는 걸세. 다시 말해서 지도자의 개인적인 표식이 조직의 공통분모가 되는 거야."

노이만 박사는 양을 가리키며 말했다. "자네가 저 녀석에게 붙여준 꼬리표에는 의미가 있네, 테드. 저 꼬리표는 녀석의 양치기인 나를 상징하는 거야. 비록 우리 목장에 양이 그리 많지는 않지만, 우리 목장은 아주 훌륭한 녀석들을 길러낸다는 평판을 얻고 있네. 자네가 저 녀석에게 붙여준 꼬리표는 저 녀석이 아주 뛰어나다는 표식이야. 마치 저 녀석 옆구리에 내 이름을 써놓은 것이나 마찬가지지. 제너럴 테크놀로지스에서 자네와 함께 일하게 될 직원들도 내 양들처럼 자네의 표식을 지니게 될 걸세. 직원들이 자네가 어떤 지도자인지 보여주는 표식을 지니게 될 거라는 얘기야. 자네의 지도력을 의미하는 표식이 좋은 상징으로 받아들여지게 만들어야 하네, 테드. 그러면 많은 사람들이 자네 뒤를 따를 거야. 자, 이제 가서 우리 양을 한번 살펴볼까?"

노이만 박사와 함께 말없이 걸으면서 나는 박사가 방금 해준 말을 곱씹었다. 나는 선생님이 소속감에 대한 사람들의 강렬한 욕구와 지도자가 부하들에게 각인시키는 표식의 중요성에 대해 엄청난 진실을 얘기해주었음을 알고 있었다. 난 더 많은 것을 알고 싶었다. 마침내 내가 노이만 박사에게 질문을 던졌다.

"노이만 박사님, 위대한 지도자의 표식은 어떤 거죠?"

선생님은 숨을 깊이 들이쉬며 말했다. "훌륭한 지도자의 표식 중 하나를 예로 들어보지. 훌륭한 지도자는 부하들이 해야 할 생각을 대신 해주지 않는다네. 자, 이제 위대한 지도자의 표식이 뭔지 자네가 한번 말해보게."

이미 내 머리는 쥐가 날 지경이었다. 노이만 박사의 대답은 결코 내가 원하던 답이 아니었다. 위대한 지도자의 십여 가지 특징들이 내 머릿속에서 붕붕 떠다녔다. 마침내 지푸라기를 잡는 심정으로 나는 가장 먼저 머리에 떠오른 것을 말했다.

"제가 아는 사람 중에서 가장 위대한 지도자는 저희 아버지세요. 하지만 물론 아버지가 위대한 기업 지도자의 모범이 될 수는 없겠죠, 안 그래요? 아버지는 학교 선생님이시니까요."

나는 아주 미안한 기색을 띠며 조용히 말했다.

"아냐, 상관없네." 노이만 박사가 말했다. "지도력이라는 건 기업 회의실뿐만 아니라 가정이나 교실에서도 나타나는 거니까. 자네는 아버지의 어떤 점 때문에 아버지를 위대한 지도자라고 생각하는 건가?"

그 순간 나는 깨달았다. 여태껏 이 사실을 몰랐다니. "아버지는 누구도 토를 달 수 없을 만큼 정직하고 성실한 분이세요." 내가 대답했다. "문제가 뭐든 아버지는 항상 옳은 편에 서시죠. 자신의 행동 때문에 아무리 커다란 대가를 치르더라도 말이에요."

"계속하게."

"아버지는 저희에게 타협하지 말라고 가르치셨어요. 아버지가 항상 하시는 말씀이 있어요. '사람이 동전 한 푼에 자신의 성실성을 팔아넘길 수는 있지만, 이 세상의 모든 재물을 줘도 다시 사들일 수는 없다.'"

"정말 훌륭한 말씀이네, 테드." 노이만 박사가 말했다. "또 어떤 점이 있나?"

나는 잠시 생각해본 후에 대답했다. "두세 가지가 더 있는 것 같아요."

"좋아, 첫 번째 것은 뭔가?" 노이만 박사가 물었다.

"첫째, 저희 아버지는 공적인 자리에서나 사적인 자리에서나 항상 한결같은 분이세요. 교회에 있을 때나, 학교 이사들을 상대할 때나, 집에 있을 때나 항상 똑같으시죠. 세상을 어떻게 보는가에 따라 모든 게 달라진다고 말씀하세요."

이때 옛 기억이 하나 떠올랐다.

"제일 친한 친구와 친구 아버지와 함께 낚시를 하러 간 적이 있어요. 친구 아버지는 우리 교회의 집사회 의장이셨죠. 그분이 신도들 앞에 서서 뭔가 얘기를 하실 때마다 얼마나 대단해 보였는지 몰라요. 그런데 호숫가로 낚시를 하러 갔을 때는 완전히 다른 사람처럼 보였어요. 농담도 하시고 점잖지 못한 말씀도 하시더라고요. 교회에서는 절대 농담이나 점잖지 못한 말씀을 하실 분이 아닌데. 그날 저는 친구 아버지에 대해 갖고 있던 존경심을 많이 잃어버렸어요. 우리 아버지라면 절대 그러지 않으실 거라는 걸 알고 있었거든요."

"자네 말은 자네 아버지가 정말 믿을 만한 분이라는 얘기로군."

"예. 저희 아버지는 정말 훌륭한 분이세요."

"그렇군. 두 번째는 뭔가?"

"음, 아버지는 항상 기준을 아주 높게 정하세요. 저희 누나와 제가 최선을 다하기를 바라시죠. 아버지는 성장하기 위해서는 때때로 전심전력을 다해야 한다고 말씀하세요. 그렇게 하지 않으면 우리의 진정한 능력을 알 수 없을 거라고요."

"내가 말했어도 자네 아버지보다 더 잘 표현하지는 못했을 걸세." 노이만 박사가 말했다. "또 다른 건?"

"음, 저희가 잘못을 저질렀을 때 아버지가 자비로운 태도로 저희를 대하시는 점이 제일 좋은 것 같아요. 제가 운전면허를 따고서 어느 일요일 오후에 아버지 차를 허락도 없이 끌고 나갔다가 차를 완전히 망가뜨린 적이 있어요. 집에 왔더니 아버지가 저를 기다리고 계시더라고요. 하늘이 무너지는 것 같았죠. 그런데 아버지가 저를 보자마자 저를 안아주시는 거예요. 얼마나 놀랐던지. 아버지 눈에는 눈물이 고여 있었어요. 순간 아버지한테 죽지는 않겠구나 안심하고 있는데, 갑자기 아버지가 절 죽일 것처럼 야단을 치시는 거예요. 하지만 아버지가 저를 먼저 안아주신 걸 절대 잊을 수가 없었어요. 자동차 수리비를 충당하느라 그해 여름 내내 일을 해야 했지만, 저는 아버지가 진정으로 아끼는 건 자동차가 아니라 바로 저라는 걸 항상 알고 있었어요."

노이만 박사가 한참 동안 나를 바라보다가 말했다. "테드, 내 하나 물어볼 게 있네. 자네는 아버지를 믿나?"

"제 목숨을 걸어도 좋을 만큼요." 내가 즉시 대답했다.

"왜요?"

"지금까지 자네가 한 얘기를 들어보면, 자네 아버지는 정말로 믿어도 되는 분인 것 같아서."

"맞아요. 저 말고도 아버지를 믿는 사람이 아주 많아요."

"그게 바로 위대한 지도자의 표식일세. 자네가 제너럴 테크놀로지스에 들어가면, 자네 부서의 직원 아홉 명이 모두 마음속으로 두 가지 의문을 품을 거야. 첫째, 저 사람이 뭘 알고 일을 하는 걸까? 둘째, 내가 저 사람을 믿어도 되나? 테드, 자네의 경우 이 두 가지 질문의 답이 모두 '예'라는 걸 나는 조금도 의심하지 않네. 하지만 직원들이 첫 번째 질문에 대해 '아니오'라는 결론을 내리더라도 두 번째 질문에 대해 '예'라는 대답이 나온다면, 직원들은 자네의 능력 부족을 용서해 줄 걸세."

나는 고개를 끄덕였다. 노이만 박사가 말을 이었다. "사람들은 성실하고, 믿을 만하고, 자비를 베풀 줄 아는 지도자를 따르고 싶어하네. 이런 지도자는 부하들의 충성과 신뢰를 얻을 수 있지. 자네한테 이런 아버지가 계시다니 다행일세, 테드. 자넨 틀림없이 GT에서 부하들에게 훌륭한 표식을 남길 수 있을 거야. 자넨 이미 집에서부터 그런 교육을 받았으니까."

이때 우리는 양 우리에 도착했다. 노이만 박사는 문 앞에서 걸음을 멈추고 나를 바라보며 말했다. "테드, 자네의 질문에 대한 대답으로 적어도 한 가지가 더 있네."

"그게 뭔데요?"

"위대한 지도자는 자신의 가치관과 사명감을 끊임없이 부하들에게 전달함으로써 표식을 남긴다네. 위대한 지도자는 자신이 옳다고 믿는 것을 부하들이 받아들이도록 하기 위해 지칠 줄 모르고 노력하지. 사람들이 살아가면서 이런저런 일 때문에 쉽게 흔들린다는 걸 알기 때문에 부하들에게 끊임없이 사명감을 불어넣어서 부하들이 살아가는 목적을 자꾸 일깨워주는 거야.

누구든지 위대한 지도자를 한 명 생각해보게. 패턴 장군은 자기 휘하의 부대에 항상 움직일 것을 요구했지. 예수는 복음을 퍼뜨려야 한다며 제자들을 혹독하게 몰아붙였어. 링컨은 반드시 연방을 지켜야 한다고 항상 강조했고. 알겠나?

테드, GT에 들어가면 부하직원들에게 자네가 믿는 것을 분명히 알리고, 부하직원들이 자네의 믿음 안에서 자신의 위치를 파악할 수 있도록 도와주게. 부하직원들이 부서 안에서 각자 담당하고 있는 일을 하지 않는다면, 제너럴 테크놀로지스가 수많은 사람들의 삶을 더 좋게 만들어준 제품과 서비스를 더 이상 내놓을 수 없다는 걸 알게 해야 해. 그리고 부하직원들에게 이런 사명감에 헌신하라고 요구하는 것도 잊지 말게.

자, 내 설교는 이걸로 끝일세. 이제 우리 양을 살펴봐야지!"

노이만 박사는 멀찍이 서서 내가 두 팔을 벌리고 우리 안으로 걸어 들어가는 것을 지켜보았다. 나는 이번에는 펜치를 들고 오지 않았다는 것을 양한테 보여주고 싶었다. 놀랍게도 양은 내가 가까이 다가가도 가만히 있었다. 나는 그때까지 양과 이야기를 나눠본 적이 한 번도 없었지만, 그날은 얘기를 나눌 수 있었다.

　나는 녀석에게 아까 아프게 해서 정말 미안하다고 말했다. 양치기의 표식을 귀에 달고 다니는 것은 아주 중요한 일이며, 이제 녀석이 아주 훌륭한 양떼의 일원이 됐다는 얘기도 했다. 이런 얘기를 하면서 나는 비단처럼 부드럽고 무성한 녀석의 털을 손으로 계속 쓸어주었다. 손에 닿는 느낌이 부드러웠다. 이번에는 녀석이 얌전했다. 내심 내가 정말로 양과 얘기를 하고 있다는 걸 믿을 수가 없었다.

　울타리 쪽에서 노이만 박사가 소리쳤다. "테드, 지금까지는 아주 잘했어!"

　"무슨 말씀이세요?"

　"오늘 자네가 마지막으로 배워야 할 게 뭔지 아나? 자네가 먼저 가까이 다가가지 않는 한 부하들에게 표식을 남길 수 없다는 걸세. 그런데 자네는 오늘 맨 처음과 맨 마지막에 양에게 가까이 다가갔어. 처음에는 고통을 줬지만, 지금은 격려를 하고 있지. 제너럴 테크놀로지스에서 자네는 매일 직원들을 어떻게 이끌어야 할지 결정을 내려야 할 걸세. 직원들과 멀리 떨어져서 이끌 수도 있고, 아주 가까이 다가가서 친근하게 이끌 수도 있지. 멀리서 직원들에게 깊은 인상을 심어줄 수도 있지만, 직원들에게 영향을 미치려면, 진정으로 자네의 표식을 남기려면 친근하게 다가가야 할 거야. 명심하게, 테드. 위대한 지도자에게 남을 이끄는 일은 단순한 직업이 아니라 삶의 일부라는 걸. 다음주에 다시 만나서 수업을 하도록 하세."

그날 저녁 나는 아파트로 돌아와서 노이만 박사에게 배운 것을 모두 종이에 적었다. 내 공책에 새로 적어 넣은 내용은 다음과 같았다.

양치기의 원칙 3 : 양들과 일체감을 갖도록 하라

· 진정성, 성실성, 인정(人情)을 보여줌으로써 부하직원들의 신뢰를 얻는다.

· 부하직원들에게 원하는 것의 기준을 높이 잡는다.

· 자신의 가치관과 사명감을 끊임없이 알린다.

· 자신이 중요하게 생각하는 것을 분명히 밝히고, 부하직원들에게 가장 잘 맞는 부분이 어디인지 알려준다.

· 위대한 지도자에게 남을 이끄는 일은 단순한 직업이 아니라 삶의 일부라는 사실을 명심한다.

4 목장을 안전한 곳으로 만들어라

다음 일주일은 아주 힘들었다. 제출해야 할 리포트가 아주 많았고, 학기말과 졸업이 다가오면서 학생들 사이의 경쟁이 점점 더 치열해지고 있었다. 상대평가 제도 때문에 다들 서로 경쟁competition하기도 하고 협력 cooperation하기도 했다(경영대학원에서는 이 두 단어를 합쳐서 '쟁협coopetition'이라고 한다).[1]

화요일 밤늦게 우리 집으로 노이만 박사가 전화를 걸어왔다.

"테드, 잭 노이만일세. 잘하고 있나?"

"그럭저럭요. 이번 주에 하루 수면시간이 평균 4시간밖에 안 된다는 걸 감안하면요."

"그래, 힘을 내게." 노이만 박사가 내게 충고했다. "이제 얼마 안 남았어. 정신을 차려보면 어느새 다 끝나있을 거야. 내가 전화를 한 것도 사실 이 때문일세."

"예."

"토요일 아침이 아니라 내일 내 수업이 끝난 뒤에 만나는 게 어떻겠나?"

"전 괜찮아요." 내가 대답했다. "그런데 왜 시간을 바꾸시려는 거예요?"

"자네도 토요일 하루는 쉬는 게 좋을 것 같아서."

"고맙습니다. 저야 전혀 이견이 없죠. 하루 종일 잘 수 있다는데."

"다행이군." 노이만 박사가 말했다. "수업이 끝난 후에 경영대학원 앞에서 만나세. 내가 지나가다가 자네를 차에 태울 테니. 그럼 내일 보세."

거대 복합기업에 대한 노이만 박사의 강의가 끝난 후 나는 밖으로 나가 거리를 훑어보며 선생님의 빨간색 픽업트럭이 나타나기를 기다렸다. 갑자기 빨간색과 하얀색이 섞인 1957년식 최신 코베트 컨버터블 자동차가 모퉁이를 휙 돌아나와선 나를 향해 경적을 울렸다. 놀랍게도 운전석에 노이만 박사가 앉아있었다.

"빨리 타!" 선생님이 밝은 목소리로 말했다.

"차 좋은데요." 내가 말했다. "픽업트럭은 어쩌신 거예요?"

"테드, 내가 평생 낡아빠진 픽업트럭이나 몰고 다니려고 하버드에서 박사학위를 딴 건 아닐세." 선생님이 활짝 웃으면서 말했다.

그 후 40분 동안 우리는 구불구불한 시골길을 쌩쌩 달렸다. 마침내 노이만 박사가 농장에서 시장으로 통하는 오스틴 외곽 도로의 길가에 차를 세웠다.

"자, 이제 자네와 수업을 할 시간일세. 이번 수업내용은 자네가 아주 잘 기억할 수 있을 거야." 선생님이 말했다.

우리는 차에서 내려 도랑을 건너 몇 발짝 걸었다. 도로와 나란히 뻗은 울타리가 나타났다.

"한번 보게."

순간 입이 쩍 벌어졌다. 내 앞에는 다른 어느 것보다 비참한 광경이 펼쳐져 있었다.[2]

'노이만 박사님의 말씀이 옳아. 이걸 잊을 수는 없을 거야.'

"노이만 박사님, 너무 끔찍해요."

"그래, 그렇지, 테드. 이제 잘 살펴보게. 그리고 뭐가 보이는지 말해봐."

"비쩍 마른 불쌍한 양들이 보여요. 털은 엉켜서 매듭처럼 보이고요. 누가 뿌리까지 먹어치웠는지 갈색으로 변한 풀도 보여요." 나는 지평선을 훑어보고 나서 덧붙여 말했다. "세상에! 폐허가 다 된 오두막이 있어요."

"그리고 또 뭐가 보이나, 테드? 좀더 자세히 살펴보게."

목을 쭉 빼고 열심히 양들을 살펴보니 양들의 머리와 눈 주

위에 파리 떼가 모여 있는 것이 보였다. 하지만 다음에 눈에 들어온 광경은 더욱더 끔찍했다.

"세상에, 속이 메스꺼워요." 나도 모르게 불쑥 이런 말이 튀어나왔다.

양들의 등에 심한 상처가 나 있고 상처에 벌레가 우글거리고 있었던 것이다.

"그건 금파리일세." 노이만 박사가 설명했다. "녀석들은 제대로 치료하지 않은 양의 상처 자리에 알을 낳지. 알에서 깬 구더기들은 양의 피부 속 깊이 파고든다네. 치료하지 않고 저대로 놔두면 양이 죽을 수도 있어."

"저렇게 유순한 짐승한테 누가 이런 짓을 한 거예요?"

"자네가 지금 보고 있는 건, 테드, 방치된 양들일세. 우리 목장의 양들은 항상 보살핌을 받고 있지. 난 자네에게 둘의 차이를 보여주고 싶었네. 양들이 전부 우리 목장의 양들처럼 좋은 모습을 하고 있는 건 아냐."

"풀밭도 마찬가지죠." 내가 대답했다.

"그게 바로 이 양들이 이렇듯 불쌍한 처지에 놓이게 된 이유일세." 노이만 박사가 말했다. "여기 양치기는, 이런 인간을 양치기라고 불러도 되는지 모르겠지만, 어쨌든 양치기는 양들을 위해 목장을 안전한 곳으로 만들어주지 않았어. 양들이 잘 자랄 수 있는 곳으로 만들어주지 않은 거야."

"정말 슬픈 일이에요."

"이 일 말고도 슬픈 일이 또 있네. 매일 수십만 명의 사람들이 잠자리에서 일어나 여기 이곳과 아주 비슷한 곳으로 출근을 하지. 아무렇게나 방치된 목장에서 일을 하는 거야. 양떼의 건강과 복지를 책임져야 할 사람들이 자신의 책임을 제대로 돌보지 않는 목장에서. 퇴근 때까지 또다시 하루를 버티고 집으로 돌아가지만, 행복을 느끼지는 못해. 즐겁게 성과를 올리지도 못하고. 밖에서 보면 아무런 문제가 없는 것 같지만 속은 이 불쌍한 양들하고 똑같다네, 테드."

"그럼 사람들이 즐겁게 성과를 올릴 수 있는 안전한 목장을 마련해주기 위해서는 이미 뻔히 알고 있는 것 외에 뭐가 더 필요하죠?"

"아주 좋은 질문일세. 자네 차가 있는 학교로 돌아가세나. 가는 길에 얘기해주겠네."

잠시 후 시골길을 쌩쌩 달리면서 노이만 박사가 이야기를 시작했다.

"테드, 양들이 충분히 휴식을 취하고 영양 섭취하지 못한다면 양떼는 생산적인 결과를 내놓을 수 없네. 최고의 양모를 만들어내지도 못하고 몸무게가 불어나지도 않는다는 얘기야. 아까 우리가 본 양들이 비쩍 마른 건 완전히 지쳐버렸기 때문일세."

선생님은 살짝 내 쪽을 바라본 다음 다시 말을 이었다. "양들은 적어도 세 가지 문제로부터 안전하다는 느낌이 없으면 쉬지도 않고 자지도 않는다네.[3] 그러니 이 세 가지 문제를 해결하면 양들이 잘 자랄 수 있는 안전한 목장이 마련되는 셈이지."

노이만 박사는 다시 도로에서 시선을 떼어 나를 살짝 바라보며 첫 번째 문제를 얘기했다.

"첫 번째 문제는 두려움일세. 양들은 반드시 두려움으로부터 자유로워야 해."

"다칠지도 모른다는 두려움인가요?" 나는 노이만 박사의 거친 운전솜씨 때문에 불안에 떨면서 물었다.

"맞네, 테드. 다칠지도 모른다는 두려움이 없어야 하지."

"아뇨, 노이만 박사님. 저는 양들을 얘기한 게 아니에요." 나는 우리 앞에 나타난 커다란 트랙터를 정신없이 손으로 가리키며 말했다. "저걸 얘기한 거예요!"

"그거 재미있군." 노이만 박사가 전문가다운 솜씨로 자동차의 방향을 틀어 땅딸막한 트랙터 옆을 스쳐 지나가면서 말했다. "정말 좋은 자동차야. 낡은 포드 자동차로는 이렇게 못했을 걸."

"제가 집에 가서 자동차 회사에 고맙다는 카드를 보낼게요." 내가 자리에 앉은 채 온몸에 힘을 주며 말했다. "어쨌든 선생님 덕분에 제가 지금 기도를 엄청 많이 하고 있거든요."

"그거 잘됐구먼." 노이만 박사가 말했다. "기도 때문에 손해볼 일은 전혀 없으니까. 이제 양 얘기로 돌아갈까?"

"예, 제발요."

"아까 어디까지 얘기했지?" 선생님이 한쪽 팔을 허공에서 마구 휘저으며 물었다. 나는 선생님이 양에 대해 이야기를 하면 할수록 점점 생기를 띤다는 사실을 눈치채기 시작했다.

"아, 그렇지. 목장이 안전해지려면 양들이 육식동물의 위협을 느끼지 못하게 해야 하네. 안전하다는 생각이 들지 않으면 녀석들은 계속 서서 사방을 두리번거리지. 혹시 도망쳐야 할지도 모르니까. 아까 거기 있던 울타리 봤나?"

"예. 오두막 못지않게 폐허가 다 됐던데요. 울타리가 거의 다 무너져버린 곳도 있었어요."

"네발짐승 중에 양이 제일 똑똑하지 않은지는 몰라도, 자기들이 위험하다는 걸 알아차릴 능력은 있네. 그래서 녀석들이 전부 서 있었던 거야. 확연히 눈에 띄지는 않지만 사람 역시 똑같네. 뭔가가 잘못됐다는 느낌이 들면 본능적으로 발끝으로 서서 살금살금 걸어다니지. 바로 불안감 때문이야."

나는 잠시 생각해본 후에 말했다. "노이만 박사님, 제가 여름에 인턴으로 일했던 은행 기억나세요?"

"기억나네."

"저는 학부를 졸업한 후에 그 은행에서 2년 동안 일했어요. 2년째 되던 해 중간쯤에 은행이 재정적으로 좀 어려워졌죠. 직원들이 전부 해고될 거라는 소문이 2주마다 한 번씩 돌았어요. 끔찍했죠. 다들 달걀껍질 위를 걷는 사람들 같았어요. 저는 은행을 위해 최선을 다하려고 애썼어요. 그러면 소문이 사실이 되더라도 해고당하지 않을 테니까요. 문제는, 제가 일을 하면서도 이게 다 소용없다는 생각을 떨쳐버릴 수가 없었다는 거예요. 일에만 정신을 집중하기가 거의 불가능했죠."

노이만 박사가 고개를 끄덕이며 말했다. "내 말이 바로 그 말일세. 직장에서 안정감을 얻지 못하면 최고의 성과를 올릴 수가 없어. 테드, 이걸 절대 잊지 말게! 회사가 뒤숭숭한 상황에서 자네가 정신을 집중할 수 없었다면, 제너럴 테크놀로지스의 자네 부하직원들도 마찬가지야. 직원들이 최고의 성과를 올리려면 반드시 두려움을 안겨주는 요소가 없어야 하네."

"어떻게 이런 여건을 만들어줄 수 있죠?"

"직원들의 주의를 흐트러뜨리는 불안감을 없애기 위해 최선을 다해야지. 직원들한테 상황이 어떻게 돌아가는지 충분히 얘기해주면 되네. 나쁜 소식이 있더라도 자네가 직접 먼저 얘기해줘야 해. 무슨 일이든 자네가 알게 되는 순간 자기들한테도 알려줄 거라고 믿게 되면, 직원들은 소문에 덜 민감해질 걸세. 사실 이 부분에서는 무리를 짓는 인간의 본능이 나쁜 쪽으로 작용하지. 자네가 제대로 정보를 알려주지 않는다고 직원들이 의심하기 시작하면, 어디서 한 사람만 나쁜 소식을 듣고 와도 금방 온 직원들이 커피포트 옆에 서서 웅성거리게 될 걸세."

노이만 박사는 자신의 말을 강조하기 위해 다시 시선을 돌려 나를 바라보았다.

"이런 일이 일상적으로 일어난다면, 그건 자네가 양떼를 제대로 돌보지 못했다는 뜻이야."

"좋은 말씀이에요." 나는 불안한 표정으로 도로를 뚫어져라 바라보며 말했다.

"다음 주제로 넘어가기 전에 한 가지만 더 얘기하지." 노이만 박사가 말했다. "양떼 전체에게 정보를 알려줘야 할 뿐만 아니라 직원들 개개인에게도 정보를 알려줘야 하네."

"무슨 정보를요?"

"특히 직원들의 실적에 대한 정보 말일세. 사람들은 모두 연말에 인사고과가 어떻게 나올지 엄청나게 불안해하지. 만약 자네가 실적평가 시기가 오기 전에 직원들의 실적에 대해 알려준다면, 목장을 안전한 곳으로 만드는 데 큰 도움이 될 거야. 이렇듯 정보를 알려주면 직원들이 부정적인 평가를 받더라도 놀라지 않을 테니까. 게다가 공식적인 평가가 시작되기 전에 실적을 향상시킬 기회까지 생기는 셈이니까."

"그렇군요. 양떼가 잘 자라지 못하게 하는 두 번째 문제는 뭐죠?"

"경쟁의식." 노이만 박사는 잠시 말을 멈췄다가 이렇게 덧붙였다. "부서 내부와 부서 간의 마찰로 인해 기업의 이익이 얼마나 떨어지는지에 대해 박사학위 논문도 쓸 수 있을 걸세. 경쟁의식 때문에 사람들은 서로 협력하는 대신 자꾸만 상대에게 맞서려고 하지. 직원들이 선의의 경쟁을 하지 않고 서로 싸워대는 바람에 망한 회사가 얼마나 많은지 알 수 없을 정도라네."

"그럼 이 문제는 어떻게 처리하죠?"

"경쟁의식을 일으키는 세 가지 원인을 처리해야지." 노이만 박사가 말했다. "대개 긴장이 높아지는 건 사람들이 좋은 자리를 차지하기 위해 책략을 쓰기 때문이야. 양들은 보통 유순한 동물이지만, 이 모습에 속아서는 안 되네. 양떼 내부에도 서열이라는 게 있어. 이 역시 사람과 양이 아주 비슷한 부분 중 하나일세. 사람들도 집단 속에서 자기 위치를 지키는 데 골몰하니까."

"맞아요." 나는 미소를 지으며 말했다. "학생들도 마찬가지죠."

"그렇고 말고. 그래서 내가 시험결과를 나눠줄 때 학생들이 제일 먼저 물어보는 게……."

"평균이 얼마냐는 거죠." 내가 끼어들었다.

"맞아. 다들 자기 성적이 평균 이상인지 이하인지 알고 싶어 하지. 자기 위치를 확보하기 위해 책략을 쓰는 건 인간의 본성일세."

"그럼 이 문제를 어떻게 처리하죠?"

"모든 자리가 중요하다는 의식을 불어넣으면 되네." 노이만 박사가 액셀러레이터를 약간 더 밟으면서 말했다. "현재 자신이 어느 정도 중요한 위치에 있다는 느낌이 들면, 자리를 확보하려는 경쟁이 조금은 줄어들 거야. 제너럴 테크놀로지스에 출근하거든 첫날부터 이 점을 분명히 하게, 테드. 모든 사람이 팀에서 중요한 역할을 하고 있다는 점을. 직원들 각자가 아주 중요한 역할을 하고 있다고 가르치는 거야. 직원들이 자기가 없으면 자네가 아무것도 못할 거라고 생각하게 만들게."

그동안 나는 노이만 박사의 또 다른 특징을 발견했다. 말하는 속도가 빨라질수록 차의 속도도 빨라진다는 것.

"다음으로는 항상 불만을 선동하는 사람을 가려내야 하네. 살다 보면 불행해야만 행복을 느끼는 사람들이 있어. 싸움을 좋아하는 사람이 하나만 있어도 부서 전체의 협동적인 분위기가 무너져버리네. 목에 뻣뻣하게 힘을 준 채 고집을 부리는 사람에게 계속 신경을 써야 한다면, 직원들이 일에만 몰두할 수가 없지." 선생님의 얼굴이 약간 붉게 상기되었다. "이런 놈들을 보면 너무 화가 나." 선생님은 이렇게 말하면서 액셀러레이터를 살짝 더 밟았다.

"지금 말씀을 들으니 경매소에서 선생님이 하신 말씀이 생각나는데요. 태도가 좋은 사람들을 골라서 데리고 있어야 한다고 하셨잖아요." 나는 잔뜩 긴장해서 온몸에 힘을 주며 말했다.

"물론이지." 노이만 박사가 대답했다. "그건 그렇고, 테드, 아까 양들 몸에 있던 흉터와 상처를 봤나?"

"예." 내가 말했다. 나는 이제 양손으로 팔걸이를 꽉 붙들고 있었다. "염증이 심하던데요."

"그래. 하지만 애당초 상처가 왜 생겼는지 아나?"

"아뇨." 내가 말했다. "서열을 정하느라고 서로 싸움을 벌인 건가요?"

"아니, 이번에는 아닐세." 선생님이 고개를 저으며 말했다. "정말 슬픈 일이야. 녀석들은 조그만 풀밭을 놓고 싸웠다네. 사람들은 대개 작은 걸 놓고 싸울 때 경쟁의식이 제일 심해, 테드. 똑똑한 양치기는 이런 싸움을 막기 위해 풀밭을 돌아가며 사용하지. 푸르고 신선한 풀이 더 많이 자라는 곳으로 양들을 인도하는 거야. 아까 양들을 돌보는 게으른 양치기도 양들을 다른 곳으로 인도했어야 하는데. 그를 심하게 비난할 생각은 없네. 중요한 건 양떼에 속한 각각의 양들에게 돌아가며 기회를 줘야 한다는 걸세, 테드. 그렇게 하면 양들이 기회를 잡으려고 싸울 생각은 안 할 테니까."

노이만 박사는 잠시 말을 멈췄다가 이렇게 덧붙였다. "우리 아이들이 어릴 때 나는 애들에게 돌아가며 집안일을 맡기는 게 현명하다는 걸 배웠네. 어렸을 때 자기가 평생 쓰레기 봉투나 치워야 하는 신세라는 걸 알게 되면 얼마나 기가 꺾이겠나?"

선생님은 쿡쿡 웃다가 다시 말을 이었다. "좋아, 이 다음 주제는 첫 번째 주제만큼 무겁지 않네. 하지만 이 역시 양들의 생산성에 영향을 미칠 수 있지. 세 번째 문제는 바로 해충일세."

"해충이요? 진심이세요?" 내가 물었다.

"물론이지. 해충이 사는 풀밭에서는 양들이 잘 자랄 수 없네. 파리와 각다귀가 우글거리면 양들 입장에서는 귀찮기 짝이 없지. 해충이 없어질 때까지 양들은 편히 쉬지 못할 걸세. 물론 직장에서 사람들을 괴롭히는 문제는 동물들이 감당해야 하는 문제와 다르지만, 짜증스럽기는 마찬가질세. 어떨 때는 상사가 온갖 귀찮은 일들을 만들어내서 직원들의 주의를 흐트러뜨리기도 하지."

"이를테면 어떤……?"

"이를테면 우리 학장이 뉴올리언스 MBA 연장 프로그램에 대해 논의하자며 회의를 한 번 더 소집한다면 난 미쳐버릴 걸세." 노이만 박사가 갑자기 자동차의 속력을 높여 커브를 돌면서 말했다. 차가 요란스레 달리면서 도로를 약간 벗어났다.

"아, 무슨 말씀인지 알겠어요." 나는 좌석에 더 바짝 달라붙어서 노이만 박사가 속도를 좀 늦추게 해달라고 마음속으로 기도했다. "제가 일했던 은행이 재정적으로 어려움을 겪고 있을 때, 비용절감 운동이 대대적으로 시행됐어요. 매일 직원들에게 새로운 비용절감 조치가 적힌 메모가 잔뜩 전달됐죠. 저는 이 조치들을 다 따라할 수 없었어요. 화장실에 들어갔을 때 용변을 보는 소리를 감추려고 먼저 물을 내리는 것까지 금지할 정도였으니까요."

"정말인가? 진짜 짜증스러웠겠군."

"해충이 문제가 되는 건 녀석들이 작기 때문이야. 전체적인 맥락에서 보면 녀석들은 아주 하찮은 존재지만, 정신을 산만

하게 만들 수 있지. 일의 우선순위를 끊임없이 바꾸거나 매달 '이달의 향기'를 정해서 바꾸는 게 다 똑같은 일이지. 다른 직원들을 항상 대화에 끌어들여서 일을 못하게 만드는 수다스러운 직원도 마찬가지고. 생각해보게. 어떤 사람이 계속 짜증스럽게 굴면 사람들이 뭐라고 하겠나?"

노이만 박사가 핸들에서 한 손을 떼어 나를 향해 손짓했다.

"예? 죄송합니다. 잘 못 들었어요."

"그럴 때 사람들은 이렇게 말하지. '해충처럼 굴지 마.'[4] 이 표현이 어디서 온 것 같은가?" 노이만 박사가 말했다.

"어디서 온 건지 알 것 같아요."

"같은 이치일세. 지극히 작은 문제 때문에 목장이 살기 어려운 곳으로 변해버리는 경우가 많아."

"제 생각에는 문제를 최소화하기 위해 최선을 다하는 것 외에는 달리 뾰족한 수가 없는 것 같은데요."

'다음에는 내가 운전해야지.'

"맞는 말일세." 노이만 박사가 대답했다. "하지만 최선을 다한다고 해서 너무 극단적으로 나가면 안 돼. 그랬다가는 화장실에서 용변을 보는 소리를 감추려고 물을 내리는 것까지 금지한다는 메모를 배포하게 될 테니까."

선생님은 마침내 속도를 늦추고 오스틴 시 경계선을 넘어서면서 말했다. "두려움, 경쟁의식, 해충, 굶주림이 사라지지 않으면 양들은 편히 쉬지 못할 걸세. 사람도 양처럼 굶주림을 느끼지만, 대상이 다르지. 자네 부하직원들은 때로 책임 있는 자리나 승진을 갈망할 걸세. 임금 인상을 갈망할 때도 있을 테고. 목장을 양들에게 안전한 곳으로 만들어야 한다는 이야기에서 중요한 것은, 만약 자네가 안전한 목장을 만들어주지 않으면……"

"직원들이 안전한 목장을 찾아 나서겠죠." 내가 끼어들었다.

"맞았어. 기업들은 신입사원들을 훈련시키는 데 수백만 달러를 쓰곤 하지. 그건 옛날부터 있던 직원들이 회사에서 좌절감을 느끼고 더 좋은 목장을 찾아 떠나버렸기 때문이야. 남의 떡이 더 크다고 생각하는 증세가 나타나면 엄청난 액수의 자본이 낭비될 뿐만 아니라, 생산성도 떨어질 수밖에 없네. 신입사원들이 제대로 일을 할 수 있게 될 때까지 기다려야 하니까. 물론 이 문제를 완전히 없앨 수는 없지. 어떤 상사를 만나더라도 두어 해만 지나면 꼭 회사를 옮기는 철새 같은 사람들도 있으니까. 하지만 기업들이 이미 근무하고 있는 직원들에게 더 많은 노력을 기울이면, 새로 들어온 사람들에게 많은 비용을 들일 필요가 없을지도 몰라."

마침내 학교 주차장에 차를 세우면서 노이만 박사가 말했다. "오늘 참 많은 얘기를 했구먼. 하지만 자네가 차에서 내리기 전에 가장 중요한 것 두 가지를 얘기해주지 않는다면 나는 좋은 선생 소리를 들을 수 없겠지. 제너럴 테크놀로지스에서 자네가 부하직원들에게 안전한 목장을 마련해주는 문제에 관한 실용적인 원칙들 말일세."

"예." 나는 마침내 차가 멈췄다는 사실이 너무 반가웠다.

"첫째, 눈에 띄어야 하네. 자리를 비우는 양치기가 되면 안 돼. 오늘 내가 자네에게 말하고 싶었던 건 자네가 부서의 작업 환경을 결정해야 한다는 걸세. 직원들이 정신을 집중해서 일할 수 있는 안전한 분위기를 만들어주면, 직원들이 놀라울 정도로 뛰어난 능력을 발휘한다는 걸 알게 될 걸세. 직원들이 자네에게 놀라울 정도로 충성하게 된다는 것도. 자네가 직접 부하직원들 앞에 모습을 드러내지 않는다면 이 일은 불가능하지. 양치기가 곁에 있는 것만큼 양들을 안심시키는 것은 없네."

"그건 양들이 양치기를 신뢰할 때의 얘기겠죠." 내가 말했다. "그렇기 때문에 우리가 지도자가 부하들과 신뢰를 쌓는 법에 대해 가장 먼저 얘기한 거잖아요."

노이만 박사가 나를 바라보며 미소를 지었다. "양치기가 자신들을 가장 잘 보호해줄 거라는 걸 양들이 본능적으로 깨닫고 양치기가 들판에 함께 나와 있는 걸 보면 양들은 지도자가 자기를 보호해준다는 느낌을 받을 걸세. 사람도 마찬가지야. 자신이 오늘 분명히 신뢰하는 지도자의 모습이 보이면, 불확실한 내일을 능히 감당해내지."

"굉장하네요." 나는 선생님의 말을 공책에 자세히 받아 적으면서 말했다.

"이게 첫 번째 원칙일세. 두 번째 원칙은 오랫동안 일을 잘

못해온 경험에서 우러나온 것이지."

"그게 뭔데요?" 내가 소리 내어 웃으며 말했다.

"문제가 곪을 때까지 기다려서는 안 된다는 것." 노이만 박사가 말했다. "오늘 무리를 짓는 양들의 본능에 대해 자꾸 얘기하게 되는데, 지금까지 양떼를 이끌면서 나는 병든 양 한 마리가 모든 양을 감염시키는 걸 많이 봐왔네."

"아까 본 양들도 마찬가지라고 생각하세요?" 내가 물었다.

"십중팔구 그럴 거야." 노이만 박사가 대답했다. "좀더 주의 깊은 양치기라면 일찌감치 문제를 눈치채고 처리했겠지. 자네도 GT에서 일할 때 반드시 문제를 빨리 처리해야 돼! 자네가 빨리 조치를 취하면 개인의 문제가 전체의 문제로 확대되지 않을 걸세."

나는 이 마지막 말을 잠시 생각해보았다. 노이만 박사가 불쑥 손을 내밀었다.

"이제 가서 좀 쉬게." 선생님이 말했다. "나도 자네가 최선을 다해주기를 바라니까."

"고맙습니다." 내가 말했다. "집에 가면 전화선을 뽑아놓아야겠어요."

"좋은 생각일세." 선생님이 말했다. "나도 자네처럼 해볼까."

아주 교훈적인 하루였다. 노이만 박사가 차를 몰고간 지 몇 분 후, 나는 경영대학원 앞의 길가에 앉아 그날의 메모를 마저 정리했다.

양치기의 원칙 4 : 목장을 안전한 곳으로 만들어라

· 직원들에게 정보를 알려준다.

· 모든 직원에게 각자 중요한 일을 하고 있다는 생각을 불어넣는다.

· 습관적인 선동가를 제거한다.

· 정기적으로 양들을 신선한 풀밭으로 인도한다.

· 항상 모습을 보임으로써 양들을 안심시킨다.

· 문제가 곪아 터질 때까지 기다리지 않는다.

5 방향을 가리키는 지팡이

다음 수업은 노이만 박사의 연구실에서 이루어졌다. 비서가 내게 전화를 걸어 선생님의 바쁜 일정을 알려주며 연구실에서 만나도 괜찮겠느냐고 물었다. 나는 아무 상관없다고 대답했다. 실내에서 수업을 해도 상관없었다. 텍사스에서는 여름이 일찍 시작되기 때문에 나는 모처럼 실내에서 수업을 하게 된 것이 반가웠다. 실내에서는 에어컨이 가동되니까.

나는 약속시간보다 약간 일찍 도착했다. 노이만 박사가 나타나기를 기다리면서 나는 잠시 연구실 여기저기를 기웃거렸다. 모든 것이 깨끗하고 깔끔하게 정돈되어 있는 것이 인상적이었다. 지금까지 내가 본 다른 교수들의 연구실과 달리 낡은 학술지가 높이 쌓여 있지도 않았다. 선생님의 책꽂이에는 경영과 전략에 관해 이제껏 나온 모든 책이 다 꽂혀 있는 것 같았다.

'선생님은 틀림없이 TV를 별로 안 보실 거야.'

나는 나도 모르게 이런 생각을 했다.

벽을 살펴보니 각종 수료증과 상장, 감사장 등이 빼곡히 걸려 있었다. 노이만 박사가 그동안 이룩한 일들에 압도당한 나는 혼자 큰소리로 중얼거리기 시작했다.

"학부는 스탠퍼드. 와튼에서 MBA. 하버드에서 박사학위! 선생님은 TV를 전혀 안 보실 거야."

전 세계에서 가져온 기념품과 사진들도 방 안 여기저기를 장식하고 있었다.

"많이도 돌아다니셨네. 이 잡동사니들이 도대체 무엇에 쓰이는 물건인지 나는 절반도 모르겠구만."

"자네가 방금 잡동사니라고 부른 건 전 세계에서 모아온 내 보물들일세." 노이만 박사가 등 뒤로 문을 닫으며 말했다. "그중 두 개는 내가 자네를 이리로 부른 이유이기도 하지. 물론 내가 자네 것을 포함해서 학기말 리포트를 채점하느라 정신을 차릴 수 없기 때문이기도 하지만."

"죄송합니다." 내가 헛기침을 하며 말했다. "잡동사니라는 말 대신 다른 말을 썼어야 하는 건데."

"신경 쓰지 말게."

선생님은 벽에서 막대기 두 개를 조심스레 떼어내어 책상 위에 놓았다. 선생님은 책상을 돌아 반대편으로 가면서 두 막대기 중 긴 쪽을 내게 건네준 뒤 자신의 의자에 앉았다. 막대기는 152센티미터가 약간 넘는 길이였으며, 한쪽 편이 마치 물음표처럼 구부러져 있었다.

"그게 뭔지 아나, 테드?"

"지팡이 같은데요."

"그건 아주 오래된 양치기의 지팡이일세."

"멋지네요. 어디서 구하셨어요?"

"영국에서. 옥스퍼드에서 여름학기 강의를 하다가 구했지. 자네가 들고 있는 지팡이는 200년도 더 된 거야."

"와. 우리나라보다도 나이가 많잖아요."

"그건 아무것도 아닐세. 사실 양들은 무려 8000년 전에 가축화되었으니까. 바빌론 사람들은 기원전 4000년에 이미 모직 의류를 입었네. 바빌론이라는 이름은 '양모의 땅'이라는 뜻이야."[1]

"정말 오래전이군요."

"이 지팡이랑 막대기," 노이만 박사는 책상 위에 있는 짧은 막대기를 가리키며 말을 이었다. "이 두 가지는 고대의 왕들이 사용했던 홀(笏)의 조상이지. 정말 잘 맞아떨어지는 얘기 아닌가? 통치자들은 백성들의 양치기로 불렸으니까."

선생님은 나를 바라보며 계속 말했다. "중요한 건 자네가 지금 배우고 있는 교훈들이 원래 아주 오래된 것이라는 점일세.

지도자의 자질에 관한 이 교훈들이 강력한 왕들이 백성을 다스리는 데 도움이 되었단 말일세. 이 교훈들은 오랜 세월 동안 시험을 거쳤어, 테드. 물론 지금도 효과가 있고. 자, 이 지팡이의 사용법에 대해 얘기해보세. 뭐 좀 아는 것 있나?"

"양치기가 지형이 험한 곳을 지날 때 지팡이로 사용했을 것 같은데요."

"물론 자네가 말한 용도에도 아주 적합하다는 건 내가 직접 경험해봐서 잘 알지. 하지만 이 지팡이의 주된 용도는 아닐세."

"아." 점점 흥미가 일었다. "그럼 이 지팡이의 주된 용도가 뭐죠?"

"이 지팡이는 양치기가 양을 이끌 때 가장 중요한 역할을 하는 도구라네." 노이만 박사는 자신의 말을 강조하기 위해 잠시 말을 멈췄다.

"선생님 말씀은…… 이것이 지도자의 도구라는 건가요?" 나는 내가 들고 있는 막대기를 자세히 살펴보며 물었다.

"그렇지." 노이만 박사가 단언했다. 그리고 몸을 앞으로 기울이더니 순식간에 진지한 표정으로 바뀌었다. "이 지팡이 덕분에 양치기는 지도자로서 네 가지 기능을 수행할 수 있네. 각각의 기능은 양을 이끄는 자가 원래 책임져야 하는 일들을 상징하지. 이 책임을 제대로 수행하지 못한다면, 양치기가 양들을 실망시켰다고 할 수 있네, 테드."

"그렇군요."

"첫째, 이 지팡이는 부하들을 이끌어야 할 책임을 상징하네.[2] 하루를 시작하면서 양치기가 첫 번째로 수행해야 하는 의무는 양들을 우리에서 데리고 나가 신선한 풀밭으로 이끄는 걸세.[3] 따라서 양치기는 주변 일대를 잘 파악해서 더 좋은 풀밭을 찾아내야 할 뿐만 아니라, 양들을 그곳으로 데려가는 방법을 알고 있어야 하지. 노련한 양치기는 이 일을 해낼 수 있네. 100마리가 넘는 양들을 아주 먼 거리까지 손쉽게 데려갈 수 있지."

"굉장하네요. 한 사람이 어떻게 그런 일을 해낼 수 있죠?"

노이만 박사가 미소를 지었다. "그래서 지도력이 예술이라는 거지. 양치기는 지금 자네가 들고 있는 물건을 사용한다네."

"이 지팡이를요?"

"그래. 무리를 짓는 습성이 있는 짐승답게 양들은 대개 자기 앞에 있는 양을 따라간다네. 그러니까 양치기가 양떼 앞에 서서 맨 앞에 있는 양을 지팡이로 가볍게 찔러 자신이 원하는 방향으로 이끈다면 양떼 전체를 움직일 수 있지."

"실제로 보면 굉장하겠는데요."

"굉장한 기분이 들지. 자신이 지금 어디를 향해 가고 있는지만 안다면. 굶주림과 갈증에 시달리는 수많은 양들을 이끌고 가다가 길을 잃어버리면 얘기가 완전히 달라져!"

"그렇게 되면 양들한테도 별로 좋지 않겠죠." 내가 약간 빈정거리듯이 말했다.

"물론이지. 지난주에 우리가 봤던 방치된 양들 기억나나? 양치기가 녀석들을 신선한 풀밭으로 인도했다면 녀석들이 그토록 처참한 지경이 되지는 않았을 거야. 하지만 녀석들은 오염된 풀밭에서 계속 풀을 뜯어 먹었지."[4]

"죄송합니다." 내가 다시 진지한 표정을 지으려고 애쓰며 말했다. 노이만 박사가 아직 내 기말 리포트 채점을 끝내지 않았다는 생각이 들었다.

"신경 쓰지 말게." 노이만 박사가 말했다. "문제는 양들이 바로 앞에 있는 풀에만 신경을 집중하는 경향이 있다는 점이니까. 그래서 양떼가 어디로 가는지 누군가가 반드시 지켜봐야 하네.

사람들도 마찬가지야. 사람들도 자기 일에만 코를 박고는 하루 일이 끝날 때까지 시선을 들지 않는 습성이 있지. 그래서 누군가가 반드시 지평선을 바라보면서 신선한 풀밭이 어디 있는지 찾아봐야 하네. 양떼가 흩어지지 않도록 하면서 올바른 방향으로 양떼를 이끄는 것도 그의 책임이고. 제너럴 테크놀로지스의 재무부서에서 자네가 바로 이 역할을 하게 될 걸세. 좋은 양치기가 돼서 양떼를 이끌도록 하게. 자기가 가야 할 방향을 확실히 알고 앞에 나서서 양떼가 항상 움직이도록 해야 해."

선생님은 내가 자신의 말을 소화할 수 있도록 잠시 말을 멈췄다가 다시 입을 열었다.

"양떼를 이끌 때는 지팡이를 막대기와 혼동하지 말아야 하네." 선생님은 책상 위에 놓인 또 하나의 막대기를 가리켰다. "흔히 지도자들은 지팡이가 아니라 막대기로 양떼를 이끌다가 부하들의 신뢰를 얻는 데 실패하곤 하지."

"좀더 자세히 설명해주세요." 내가 말했다. "무슨 말씀인지 알 것 같기는 한데, 더 자세히 듣고 싶어요."

"대개 지팡이는 둘 중에서 더 부드러운 도구라네. 양치기는 양을 살짝 찌르거나 툭툭 쳐서 방향을 잡을 때 지팡이를 이용하지. 지팡이는 고압적으로 휘두르는 도구가 아냐. 따라서 양들은 두려워서가 아니라 양치기를 믿기 때문에 그를 따른다네."

"무슨 말씀인지 알겠어요." 내가 말했다. "저도 이걸 반대의 시각에서 본 적이 있어요. 제가 전에 제 상사 얘길 해드렸죠? 우리가 뭘 잘못할 때마다 사람을 달달 볶던 사람 말이에요."

"그래."

"그 사람이 지팡이가 아니라 막대기로 부하들을 이끄는 좋은 예에요."

"맞네." 노이만 박사가 맞장구를 쳤다. "그럼 자네는 그에게 얼마나 충성심을 느꼈나?"

"전혀 못 느꼈죠." 내가 말했다. "우린 도저히 그 사람을 참을 수가 없었어요. 솔직히 다들 그 사람을 무서워했죠."

"그래서 자네들이 그 사람 밑에서 일한 걸세. 일을 안 하면 어떻게 될지 결과가 무서워서. 양치기는 양을 이끄는 사람이지. 양을 모는 건 컹컹 짖어대는 개야."

나는 깊이 숨을 들이쉬면서 말했다. "제 부하직원들이 저에 대해 좋지 않은 감정을 갖는 건 정말 싫어요. 직원들이 저를 컹컹 짖는 개가 아니라 양치기로 느끼게 하려면 제가 어떤 식으로 방향을 제시해줘야 하죠?"

"지팡이를 세게 휘두르지 말고 직원들을 가볍게 툭툭 두드려주면 되네." 노이만 박사가 대답했다. "첫째, 직원들을 이끌 때 강압이 아니라 설득을 이용하게.[5] 일방적인 발표 대신 부탁을 해. 여러 가지 의견도 제시하고. 명령만 내리려 들지 말게. 자네 나름의 주장을 펼치고 자네가 좋다고 생각하는 것들을 권고하면 돼.

둘째, 사람들 앞에 나서서 자네가 직접 길을 보여주게. 직원들이 일을 망치더라도 옛날 자네 상사처럼 사람을 달달 볶지 말고 이때의 일을 계기로 삼아 직원들에게 교훈을 가르쳐줘."

"정말 좋은 방법인데요."

"고맙네. 그럼 계속해볼까? 지팡이의 두 번째 기능은 경계선을 설정하는 걸세. 양들이 무리를 짓는 본능이 아무리 대단하다 해도 무리로부터 벗어나는 습성 또한 갖고 있지."

"그건 말이 안 돼요." 내가 반대 의견을 냈다. "어떻게 본능에 어긋나는 습성이 있을 수 있죠?"

"녀석들이 무리를 벗어나고 싶어서 벗어나는 게 아니라네, 테드." 노이만 박사가 설명했다. "녀석들은 고개를 숙인 채 풀을 먹는 데만 골몰하지. 문제는 양들이 겨우 전방 15미터 정도

밖에 보질 못한다는 거야. 녀석들한테 무리가 움직이는 방향과 다른 방향을 가리켜주면, 녀석들은 금방 길을 잃어버려."

"그렇다면 이 부분에서 사람과 양을 비교하는 건 별로 마음에 안 드는데요." 내가 말했다. "마치 제가 바보가 된 것 같아서요."

노이만 박사가 웃음을 터뜨렸다. "지금까지 살아오면서 당시에는 별 의미가 없는 결정을 내린 것 같았지만, 나중에 그때의 일을 돌이켜보면서 '도대체 내가 어쩌다가 이 지경이 됐을까?'라는 생각을 해본 적이 한 번도 없나?"

"있죠." 내가 말했다. "그것도 아주 많이."

"그렇다면……."

"예, 무슨 말씀인지 알겠어요. 다시 양들 얘기나 하죠."

"양들 얘기가 아니라 양치기 얘기일세. 양들이 흩어지지 않도록 하면서 모든 양에게 똑같은 방향을 가리켜 보여주는 건 양치기의 책임이야. 만약 양 한 마리가 안전한 무리에서 벗어나 엉뚱한 방향으로 가는 게 눈에 띄면, 양치기는 지팡이의 구부러지지 않은 부분을 붙들고 양의 어깨를 툭툭 두드리겠지. 녀석이 잘못된 방향으로 가고 있다는 걸 알려주려고. 그런데도 양이 말귀를 알아듣지 못하면, 양치기는 지팡이의 구부러진 부분을 양의 목에 걸고 힘으로 녀석을 잡아당겨 다시 무리에 합류하게 만들 걸세."

노이만 박사는 내가 약간 어리둥절한 표정을 짓고 있는 걸

보고 다시 말을 이었다. "지팡이는 원래 길지 않네. 하지만 양치기의 팔이 닿는 범위를 넓히기 위해 길게 만들어졌지. 제너럴 테크놀로지스에서 자네는 직원들에게 울타리가 어디인지 알려줄 책임이 있네. 직원들이 울타리를 넘어서면 직원들의 어깨를 두드려 주의를 주는 것도 자네 책임이고."

"만약 이 방법이 효과가 없다면요?" 내가 물었다.

"그럼 한 단계 높은 방법을 써야지." 노이만 박사가 대답했다. "경계선을 설정하는 건 자아의 문제가 아닐세. 실용성과 안전의 문제지. 모든 직원이 함께 움직이지 않는다면 자네 부서는 임무를 완수할 수 없어. 게다가 자네는 자네의 손이 닿는 안전한 지역을 벗어나버린 사람을 보호해줄 수 없네. 경계선은 나쁜 게 아니야. 좋은 거지. 물론 경계선과 굴레를 혼동하면 안 되지만."

"다시 말해서 직원들에게 울타리가 어디 있는지 알려주되 울타리 안에서는 행동의 자유를 보장하라는 거군요."

"바로 맞췄네!" 노이만 박사가 말했다. "우리가 말에게 굴레를 씌우는 건 녀석들을 타고 다녀야 하기 때문이야. 하지만 양을 타고 다니는 사람은 없지. 신참 관리자들이 저지르는 가장 커다란 실수 중 하나는 너무 세세한 점까지 직원들을 통제한다는 거야. 모든 사람이 모든 일을 똑같은 방식으로 해내는 것이 팀워크라는 잘못된 생각 때문이지. 테드, 직원들이 너무 앞서 나가도 안 되지만, 그렇다고 직원들이 갇혀 있다는 기분을 느끼게 해서도 안 되네. 자네가 방향을 정해주고 기대치를 설정해준 다음에는 직원들 스스로가 목표에 도달하는 가장 좋은 방법을 결정하도록 해야 해. 직원들이 너무 멀리 길을 벗어나면 어깨를 툭툭 두드려서 사실을 알려주고."

"그게 안 되면 한 단계 높은 방법을 쓰고요."

"그게 안 되면 한 단계 높은 방법을 쓰고." 노이만 박사가 내 말을 되풀이했다.

"이거 정말 굉장한 막대기인데요." 내가 지팡이를 들고 일어서면서 말했다. 나는 마치 사용법을 아는 사람처럼 지팡이를 이리저리 움직이기 시작했다. "그냥 눈으로 보는 것보다 훨씬 더 많은 의미가 있어요. 이 막대기의 나머지 두 가지 기능은 뭐죠?"

"막대기가 아니라 지팡이일세." 노이만 박사가 조금은 재미있다는 표정으로 책상 건너편에서 나를 지켜보며 말했다. "물론 노련한 양치기가 지팡이를 잡으면 아주 많은 일을 할 수 있지."

"이를테면 어떤 일을요?"

"셋째, 지팡이는 양치기가 궁지에 빠진 양을 구출할 때 도움이 된다네."

"궁지에 빠진 양이요?"

"그래. 뛰어난 양치기가 아무리 열심히 노력해도 가끔 무리를 벗어나는 양이 있게 마련일세. 첫날 내가 내 양들을 소개해 줬을 때 기억나나?"

"제가 어떻게 잊겠어요?" 내가 말했다.

"내가 자네더러 제일 처음 하라고 한 게 뭐였지?"

나는 기억을 더듬어 대답했다. "저더러 양들의 숫자를 세라고 하셨어요."

"그래. 잘 기억하고 있군. 난 사라진 녀석이 없는지 확인하고 싶었네. 양 한두 마리가 울타리에서 약한 부분을 찾아내 빠져나간 적이 몇 번 있었거든."

"그때 어떻게 하셨어요?"

"녀석들을 찾으러 갔지." 노이만 박사가 대답했다. "이미 말했지만, 양은 아주 약한 동물일세. 녀석들이 목장을 벗어나면 아주 나쁜 일을 당할 가능성이 커."

"육식동물을 말씀하시는 건가요?"

"그것도 있고, 녀석들이 어딘가에 끼어서 빠져나오지 못하는 경우도 있고. 무리에서 떨어져 나간 녀석들이 바위틈에 끼어버린 경우도 있었네. 무성한 털이 덤불에 걸려서 꼼짝 못하게 된 녀석들도 있었고.⁶ 내가 녀석들을 빨리 찾아내지 못하면 녀석들은 금방 탈수증세를 일으키거나, 자네가 말한 대로 육식동물의 먹이가 되기 십상이야. 그래서 내 양한테 무슨 일이 생기면 나는 지팡이를 들고 녀석들을 찾아 나선다네. 일단 녀석들을 찾은 다음에는 지팡이의 구부러진 부분을 이용해서 녀석들을 꺼내지. 때로는 사라진 양을 찾느라 몇 시간씩 돌아다니기도 한다네."

"비가 올 때는 어떻게 하죠?" 내가 캐물었다.

"그래도 상관없어. 녀석들은 내 양이니까. 녀석들의 복지와 안전은 내 책임이거든. 만약 녀석들한테 무슨 일이 생기면 내가 녀석들을 찾아 나서야지."

'선생님 부하들은 정말 좋았겠어요.'

나는 속으로 혼잣말을 했다. 노이만 박사를 바라보는 내 시선에 점점 존경심이 어리기 시작했다.

"사람들도 마찬가지일세. 자네가 직원들을 한데 모아서 올바른 방향으로 이끌려고 아무리 애를 써도 꼭 엉뚱한 데로 가서 문제를 일으키는 사람이 있게 마련이지. 항상 그래. 내가 어디를 가든 언제나 이런 일이 있었네." 노이만 박사는 고개를 절레절레 흔들었다. "이런 일이 일어나면, 테드, 다시 말해서 GT의 자네 부하직원들 중에 누군가에게 무슨 일이 생기거든, 자네가 나가서 직원들을 찾아야 하네!"

"무슨 일이라는 게 어떤 걸 말씀하시는 거예요?" 내가 물었다.

"사람들은 매번 놀라운 일을 벌이곤 하지." 노이만 박사가 말했다. "어쩜 그리 생각지도 못한 문제를 일으키는지 기가 막힐 때도 있을 걸세. 주문을 엉망으로 처리하기도 하고, 거래처의 심기를 건드리기도 하고, 중요한 고객을 따돌리기도 하고, 자기 책임을 넘어서는 일을 벌이기도 하지. 이런 사람들을 구해주는 건 양치기인 자네 책임일세. 자네가 책임을 완수하고 나면, 직원들이 자네에게 놀라운 충성심과 신뢰를 보여줄 거야."

간단한 막대기 하나가 내게 가르쳐주는 온갖 교훈 때문에 머리가 빙빙 돌 지경이었다. 하지만 아직 수업은 끝나지 않았다.

"마지막으로 지팡이가 상징하는 지도자의 네 번째 책임에 대해 얘기해보세." 노이만 박사가 말했다.

"예." 나는 다시 자리에 앉아 지팡이를 박사의 책상 위에 올려놓으며 말했다.

"지팡이는 양치기가 양떼의 기운을 북돋아줄 책임이 있다는 상징일세." 노이만 박사가 분명하게 말했다.

"그럴 필요가 있다는 건 저도 확실히 알겠어요." 내가 말했다. "하지만 양치기가 막대기 하나로 어떻게 양들의 기운을 북돋아주죠?"

"지팡이." 노이만 박사가 내 말을 바로잡았다.

"예, 지팡이."

"두어 가지 방법이 있네. 지팡이를 이용해서 양 한 마리를 무리에서 떼어내 가까이 잡아당기기도 하고, 양의 옆구리나 등을 부드럽게 쓰다듬어주기도 하지. 이건 양치기가 녀석에게 신경을 쓰고 있다는 신호일세."

"양한테 신경을 쓰고 있다는 걸 알려줄 필요가 있어요?" 내가 물었다.

"양들이 위안을 얻으니까. 믿음직한 양치기의 존재만큼 양들을 안심시키는 게 없다는 점을 잊지 말게. 어렸을 때 내가 목장에 나가 있을 때 개가 양 한 마리를 공격한 적이 있었네. 내가 늦지 않게 현장에 도착했는데도 양은 꽤 심한 상처를 입었지. 그 후 며칠 동안 양떼를 끌고 다닐 때마다 나는 녀석을 내 옆에 두었네. 내가 녀석을 보호해주고 있다는 걸 느낄 수 있도록 말이야. 내가 언제라도 녀석을 도와줄 거라는 사실을 녀석에게 알리는 내 나름의 방법이었던 거지. 이 사고가 있고 나서 몇 달 동안 녀석은 상처가 치유된 지 이미 오래되었는데도 나에게 다가와서 내 다리에 머리를 비비곤 했네."

노이만 박사는 시선을 돌려 나를 응시하며 말을 이었다. "훌륭한 양치기는 가끔 잊지 않고 부하들의 기운을 북돋아준다네, 테드. 가끔은 상처 입은 직원을 옆에 두고 자네가 그를 보호해줄 거라는 사실을 느끼게 만드는 것이 지도자로서 최선의 방법일 때가 있어. 설사 그가 장부를 정리하다가 잠시 깜빡해서 엄청난 실수를 저질렀다 해도 그의 자신감을 되살려주어야 하네.[7] 자네가 한두 번 쓰다듬어주기만 해도 그는 자기 실수가 테드 맥브라이드의 부서에서는 그리 치명적인 게 아니었다는 사실을 깨닫게 될 거야. 그러면 자네는 양들이 자발적으로 따라나서는 양치기가 되겠지."

선생님은 지팡이를 원래 있던 벽으로 다시 가져가면서 말을 이었다. "더 궁금한 것이 있나?"

"아뇨." 내가 대답했다. "오늘 수업은 정말 좋았어요. 오늘 선생님께서 해주신 얘기를 두고두고 생각해봐야겠어요."

"그럼 나는 엄청나게 쌓인 리포트나 채점해야겠네." 선생님은 지팡이를 원래 자리에 걸어놓고 뒤로 물러나서는 감탄 어린 표정으로 지팡이를 바라보았다. "잡동사니치고는 그리 나쁘지 않군."

그날 밤늦게 나는 양치기가 지도력을 상징하는 지팡이를 가지고 다니는 것의 의미에 관해 메모한 내용을 다시 훑어보았다. 그날 배운 것을 정리한 내용은 다음과 같았다.

양치기의 원칙 5 : 방향을 가리키는 지팡이

· 자신이 가려는 곳이 어딘지 파악하고 앞에 나서서 계속 양들을 움직이게 한다.

· 방향을 가리킬 때는 강압 대신 설득을 이용한다.

· 직원들에게 행동의 자유를 허락하되 울타리가 어디 있는지 분명히 알려준다. 경계선과 굴레를 혼동하면 안 된다!

· 직원들에게 무슨 일이 생기면, 자신이 직접 나서서 직원들을 구출한다.

· 실패는 치명적인 것이 아니라는 점을 직원들에게 일깨워준다.

6 잘못된 방향을 바로잡는 회초리

졸업식이 가까워지면서 노이만 박사와 함께 보내는 시간도 끝나가고 있다는 느낌이 들었다. 지난 몇 주 동안 나는 평생 동안 두고두고 내게 도움이 될 만한 교훈들을 많이 배웠다.

나는 위대한 지도자의 모든 특징이 양치기의 삶과 일 속에 구현되어 있다는 것을 배웠다. 또한 잭 노이만 박사가 나에게 가르친 원칙들을 직접 모범적으로 따르고 있다는 것도 알 수 있었다. 선생님은 자신의 말을 그대로 실천에 옮기고 있었다! 선생님의 수업을 들은 학생들은 그가 얼마나 엄격한 사람인지 잘 알고 있었다. 선생님은 우리가 최선을 다한 리포트 외에는 절대 받지 않았다. 대부분의 리포트가 빨간 표시와 선생님의 짧은 논평으로 범벅이 돼서 돌아왔기 때문에 마치 노이만 박사가 피를 쏟아놓은 것 같았다. 그러나 우리는 선생님이 '자신의' 제자인 우리에게 100% 헌신한다는 것을 모두 알고 있었다. 선생님은 어느 누구보다 더 우리가 성공하기를 바랐다.

나는 선생님과 함께 보내는 시간을 고대하며 기다리게 되었다. 위대한 사람과 강의실이 아닌 곳에서 만날 기회를 갖게 됨으로써 내가 아주 중요한 사람이 된 것 같았다. 나는 학교를 졸업해서 힘겨운 수업으로부터 벗어나기를 간절히 바라면서도 잭 노이만 박사와의 이 독특한 만남을 몹시 그리워하게 될 것임을 이미 알고 있었다.

나는 다음 수업의 주제가 무엇이 될지 분명히 짐작할 수 있었다. 우리는 토요일 오전 10시쯤에 학교 운동장에서 만났다. 학교에는 인적이 드물었다. 기말시험이 겨우 며칠밖에 남지 않았기 때문에 학생들은 공부를 하거나, 부족한 잠을 보충하고 있었다.

"잘 있었나, 테드." 노이만 박사가 운동장으로 걸어 들어오면서 말했다.

"안녕하세요, 노이만 박사님." 선생님이 짤막한 곤봉을 들고 있는 것이 금방 눈에 띄었다. 지난주에 선생님의 연구실에서 본 적이 있는 물건이었다. "그게 뭔지 알 것 같아요." 내가 말했다.

"이건 아이위시일세."

"아이 뭐라고요?"

"아이위시. 다른 이름으로 통하기도 하지만 아프리카에서는 이걸 아이위시라고 부른다네. 양치기와 줄루족 전사들이 사용하는 물건이지. 아일랜드에서는 이걸 놉케리라고 부르는 반면, 중동에서는 셰베트라고 부르네. 우린 이걸 양치기의 회초리로 알고 있지. 장소에 상관없이 이걸 만드는 방법은 상당히 비슷하다네." 선생님이 곤봉을 내게 건네주면서 설명했다.

나는 곤봉을 이리저리 돌려가며 자세히 살펴보았다. 길이는 46센티미터쯤 되었고, 표면이 매끄러웠으며, 한쪽 끝에는 커다란 혹 같은 것이 무겁게 달려 있었다.

"그건 땅에서 잘라낸 뿌리야." 노이만 박사가 말했다. "끝에 달린 혹은 구근 아니면 뿌리에 생긴 커다란 옹이일 걸세. 덕분에 이 물건이 무시무시한 무기가 됐지. 순항능력도 얻게 됐고."

"순항능력이라고요? 대체 무슨 뜻이죠?"

노이만 박사는 내 손에서 놉케리를 집어들어 커다랗게 팔을 흔들며 공중으로 던졌다. 곤봉이 운동장 반대쪽을 향해 포물선을 그리며 날아갔다. 어찌나 멀리 날아갔는지 믿을 수 없을 정도였다.

"우와. 굉장해요!"

"이건 아무것도 아닐세." 선생님이 대답했다. "아프리카의 목동이 이걸 휘두르는 걸 봐야 해! 물론 지금 우리는 가축들을 보호하기 위해 총을 이용하지만, 양치기들이 여전히 이걸 사용하고 있는 지역도 있네. 그곳의 양치기들은 들판 건너편의 목표물을 향해 이걸 아주 정확히 던질 수 있지. 노련한 양치기가 휘두르는 아이위시는 아주 무시무시하다네."

선생님은 내게 곤봉이 떨어진 곳까지 걸어가자고 손짓하면서 말을 이었다. "지난주에 우리는 지팡이에 대해 얘기를 나눴지. 노련한 양치기가 양떼를 인도하기 위해 지팡이를 어떻게 이용하는지 말이야. 그리고 자네가 양치기로서 제너럴 테크놀로지스에서 자네의 양떼를 이끌 책임이 있다는 얘기도 했네."

"기억하고 있어요." 내가 말했다. "강압보다 설득을 사용해야 한다는 것과 사람들에게 행동의 자유를 주되 울타리가 어디 있는지 알려줘야 한다는 말씀을 하셨죠. 직원들에게 무슨 일이 생기면 가서 직원들을 구해주는 것이 제 책임이라는 말씀도 하셨고요." 나는 선생님의 이야기를 모두 되풀이했다. 내가 수업내용을 잘 기억하고 있다는 것을 선생님께 보여드리고 싶었다.

"훌륭하군." 선생님이 말했다. "고맙네."

선생님은 다시 아이위시에 시선을 고정시키고 말을 이었다. "오늘 우리는 지도자가 해야 하는 일 중에서 그다지 즐겁지 않은 부분에 대해 얘기할 걸세."

"회초리 말씀이군요." 내가 끼어들었다.

"그래." 선생님이 말했다. "지팡이가 부하들을 이끌어야 할 자네의 책임을 상징한다면, 회초리는 부하들의 잘못을 바로잡아야 할 책임을 상징하지. 지도자들, 특히 새로 지도자가 된 사람들이 가장 자주 실수를 저지르는 것이 바로 이 부분이네. 회초리를 너무 많이 사용하거나 잘못 사용한다면 부하들의 호의를 잃어버릴 걸세. 반면 회초리를 너무 적게 사용하거나 아예 사용하지 않는다면 부하들의 존경심을 잃게 되겠지. 이 점을 제대로 배우지 못한다면 부하들에게서 충성심과 신뢰를 얻어내는 양치기가 될 수 없네, 테드."

아이위시가 떨어진 곳에 이르자 노이만 박사가 몸을 구부려 아이위시를 집어들었다. 그리고 나와 자신 사이에 아이위시를 치켜들며 말을 이었다.

"이걸 언제 어떻게 사용해야 하는지 반드시 알고 있어야 하네. 이걸 공정하고 현명하게 휘두른다면, 부하들은 자네를 존경하고 사랑할 거야. 하지만 이걸 형편없이 사용한다면, 부하들은 다른 양치기를 찾아 나설 걸세. 이제 앉아서 얘기하도록 하지."

우리는 아무렇게나 자리를 잡고 앉았다. 노이만 박사의 강의가 계속되었다.

"회초리는 지팡이와 마찬가지로 양치기의 팔의 연장일세. 양치기는 회초리를 세 가지 목적으로 사용하지.[1] 첫째, 양치기는 양들을 육식동물로부터 보호하기 위해 회초리를 휘두른다네."

"어떤 육식동물이요?" 내가 물었다.

"글쎄, 어떤 동물이냐는 지역에 따라 다르지." 노이만 박사가 대답했다. "대개는 코요테, 들개, 늑대 같은 동물들일세. 때로는 퓨마가 될 수도 있고."

"그러니까 이걸로 퓨마를 공격한다고요?" 내가 도저히 믿을 수 없다는 기색을 적잖이 드러내며 물었다. "양치기가 이걸 사용하려면 퓨마한테 상당히 가까이 다가가야 할 텐데요."

곤봉이 아주 짧아 보인다는 점이 다시 한 번 눈에 들어왔다.

"관찰력이 예리하군." 노이만 박사가 미소를 지으며 말했다.

"양치기들은 때때로 물매와 돌멩이를 들고 다니기도 하지. 하지만 물매로 돌을 던져도 짐승들이 도망치지 않으면 양치기가 양떼를 지킬 수 있는 무기는 세베트밖에 없어. 내 분명히 말하지만, 테드, 참나무 밑에서 뿌리를 잘라내 이 회초리를 만들 때 양치기는 자신이 최후의 수단으로 사용할 무기를 만들고 있다는 걸 분명히 알고 있었을 걸세. 육식동물들이 양을 잡아먹기 위해 산에서 내려왔을 때, 녀석들을 막아선 것은 회초리를 휘두르는 양치기뿐이었네."

"하지만 너무 위험한 일 아닌가요?" 내가 말했다. "그러니까 양치기 입장에서요."

"그래. 무서운 일이기도 하지. 하지만 훌륭한 양치기는 양들을 지키기 위해 육식동물 앞을 막아선다네. 자네도 훌륭한 양치기가 되려면 제너럴 테크놀로지스에서 자네의 양떼를 위해 양치기처럼 해야 하네. 자네는 틀림없이 훌륭한 양치기가 될 수 있을 거야."

"칭찬해주셔서 감사합니다." 내가 말했다. "하지만 무슨 말씀인지 잘 모르겠어요."

"내 말은 GT에서 자네 부하들이 왠지 위협받고 있다고 느낄 때가 있을 거라는 뜻일세. 주변 상황 때문에 위험을 느끼는 경우도 있겠지. 대개는 공격적인 사람이 이런 느낌을 일으키는 주범일 거야. 내 분명히 말하지만, 누군가가 자네 양들 중에 한 명을 잡으려고 소란을 피우는 일이 생길 걸세. 지금은 자네가 듣기에 좀 낯설겠지만, 두고 보면 알아."

노이만 박사의 시선이 과거를 더듬는 듯 아련해졌다. 잠시 후 박사님이 말을 이었다.

"옛날 일이 생각나는군. 내가 이 대학으로 오기 한참 전 일인데, 그때 나는 위험분석을 하는 부서를 책임지고 있었네. 우리는 당시 진행 중이던 거래를 평가했지. 이 거래가 우리 회사에 재정적으로 너무 위험한 것은 아닌지 확인하는 거였는데, 문제는 이 거래를 처음 시작한 것이 우리 부서가 아니었다는 걸세. 회사의 다른 부서에서 시작한 거였지. 그러니까 다른 사람이 소중하게 여기는 프로젝트에 대해 우리 부서가 가부를 판단해야 하는 입장이 된 거야. 담당 직원이 7개월을 공들인 거래에 대해 우리 팀 직원이 안 되겠다는 의견을 내자, 결국

그가 발끈하고 말았네. 아마 그는 7개월이라는 시간을 들였을 뿐만 아니라, 이 거래로 상당한 실적 보너스를 받게 될 거라고 기대했을 거야."

"그래서 어떻게 됐어요?"

"그가 성난 개처럼 우리 부서로 쳐들어왔지. 그리고 내 직원 면전에서 고함을 질러대기 시작했어. 정말 어디서 들어보지도 못한 욕을 퍼붓더군. 내 직원은 공개적으로 수모를 당했을 뿐만 아니라 적잖은 위협을 느꼈다네. 그의 직급이 내 직원보다 3급 정도 높았으니까."

"그래서 선생님은 어떻게 하셨어요?"

"내가 믿음직한 양치기라는 걸 보여줬지. 내가 기다렸다는 듯이 재빨리 나서서 중간에 끼어들었거든. 조금 전까지만 해도 흥분한 담당 직원 앞에 내 직원이 있었는데, 순식간에 내가 나타난 거야."

"그래서 그가 조용해졌나요?"

"처음엔 아니었지. 그냥 계속 고함을 질러댔어. 이번엔 날 향해서. 그건 물론 내가 바라는 바였지. 난 내 직원을 대신해서 공격을 받으려고 마음먹고 있었으니까. 그의 입장에서 날 상대로 고함을 지른 건 주제넘은 짓이었네. 그가 조금 진정된 다음에 우리는 내 사무실로 갔어. 그때 내가 그에게 놉케리를 사용했지."

"어떻게요?"

"내 직원과 조용히 해결할 수 없는 문제가 생기거든 날 찾아오라고 분명히 말했네. 그리고 얼마 안 가서 내 직원한테 뭔가 공격적인 행동을 하면 나랑 얼굴을 맞대야 한다는 걸 회사 사람들이 금방 알아차리게 됐지. 물론 세월이 흐르는 동안 사람들이 내 직원들에게 합당한 불만을 품은 적도 있었어. 그럴 때는 내가 대신 비난을 받고 나중에 실수를 저지른 직원에게 가서 개별적으로 문제를 해결했네."

"직원들이 선생님께 아주 고마워했겠는데요."

"그랬지. 내 행동이 직원들에게 어느 정도 안정감을 줬으니까. 내가 항상 주위에서 자기들을 보호해주리라는 걸 알고 있었기 때문에 위협을 덜 느꼈어."

"저는 선생님 같은 사람 밑에서 일해본 적이 없어요." 내가 슬픈 표정으로 말했다. "옛날 제 상사는 직원들을 위해서 나서는 법이 절대 없었거든요. 그는 우리가 목표를 달성하지 못하면 상사들 앞에서 우리를 욕하고, 우리 앞에서는 상사들에게 지도력이 부족하다고 투덜댔어요."

"거참 고약하군." 노이만 박사가 말했다. "그런 녀석이 지도자라니! 이쪽저쪽 왔다갔다하는 유약한 지도자만큼 단결심을 무너뜨리는 게 없지. 테드, 제너럴 테크놀로지스에 들어가면, 직원들이 공격당하고 있다고 느낄 때 반드시 믿음직한 양치기가 있다는 걸 알게 해야 하네. 양치기가 중간에 서서 자기들을 위해 싸워줄 거라고 확신하게 만들어야 한다는 얘기야. 그러면 부하들은 자네를 사랑해줄 걸세. 게다가 자네가 직원들을 위해 나서주면, 누군가가 자네 목을 자르려고 할 때 직원들이 자네를 위해 나서줄 거야."

내가 머릿속으로 이 모습을 그려보고 있을 때, 노이만 박사가 화제를 바꿨다.

"이제 다른 얘기를 해볼까. 놉케리는 육식동물들에게서 양을 보호하는 것 외에 다른 용도를 갖고 있네. 양치기들은 양들이 스스로를 해치지 못하게 보호할 때도 놉케리를 자주 사용하지."

"스스로를 해친다고요? 그런 일도 있어요?"

"양들이 자기한테 이로운 게 뭔지 모르는 경우가 많으니까." 선생님이 대답했다. "그래서 가끔은 스스로 위험에 빠져들곤 한다네."

"진짜 멍청한 녀석들이네요. 양들이 똑똑하지 않다는 건 알고 있었지만, 적어도 자기들한테 이로운 게 뭔지는 알 줄 알았는데."

노이만 박사가 무표정한 시선으로 나를 바라보았다. "테드, 자네는 스스로를 해치는 잘못된 결정을 내린 적이 한 번도 없나?"

오래 생각할 필요도 없이 곧장 대답이 나왔다. "그러니까 댈러스에 사는 여자친구를 가능한 한 빨리 만나고 싶어서 비 오는 날 밤 10시에 피닉스를 출발해 스무 시간 동안 한시도 쉬지 않고 1000여 킬로미터가 넘는 거리를 운전하는 것 같은 일 말씀이세요?"

"그래."

"아뇨, 전혀 없는데요." 나는 거짓말을 했다. "양들 얘기로 돌아가죠."

노이만 박사가 쿡쿡 웃으며 말했다. "양이 스스로를 위험하게 만들거나 양떼 전체를 위험하게 만드는 짓을 하려 할 때, 그걸 눈치챈 양치기는 기강을 잡기 위해 회초리를 사용한다네. 예를 들어 양이 제멋대로 무리에서 멀어지거나 독초를 먹으려 할 때, 양치기가 녀석한테 회초리를 던져 녀석이 재빨리 무리가 있는 곳으로 도망치게 만들거나 독초에서 떨어지게 만드는 거지."[2]

"지난주에는 양치기가 길 잃은 양을 구할 때 지팡이를 사용한다고 하셨잖아요." 나는 놉케리로 한 대 얻어맞는 것이 얼마나 아플지 상상하면서 말했다.

"그랬지. 자네 말이 맞아." 노이만 박사가 말했다. "훌륭한 양치기는 처음부터 양들이 위험에 빠지지 않도록 보호하기 위해 최선을 다하지. 하지만 양이 늘 다니던 길에서 너무 많이 벗어난다면, 양치기가 지팡이로 녀석을 곧장 끌어올 수가 없어. 양이 아직 눈에 띄는 곳에 있다면, 회초리를 던져서 양에게 빨리 안전한 무리 속으로 돌아오라는 뜻을 전달하는 게 가장 친절한 방법이지."

나는 고개를 끄덕였다. 노이만 박사는 말을 이었다. "양치기가 때때로 지팡이 대신 회초리를 사용하는 이유가 또 있네. 제너럴 테크놀로지스에 들어가고 나면, 지금 내가 하는 말을 더 잘 이해할 수 있을 거야."

"그게 뭔데요?"

"어떤 녀석들한테는 양치기가 평소 때보다 더 커다란 목소리로 말을 해야 할 필요가 있다네. 양들도 때로는 고집 세고 반항적으로 구니까. 자네도 가끔 부하직원들 중에 정말로 고집 센 사람에게는 다른 사람을 대할 때보다 더 강력한 설득력을 발휘해야 한다는 걸 알게 될 걸세.

궁극적으로는 양이 제멋대로 굴든, 좋은 의도에서 한 짓이든 상관없어. 관리자로 일하는 동안 부하직원이 안전구역을 한참 벗어나버리는 경우가 있을 걸세, 테드. 자네는 양치기라서 상황을 더 잘 볼 수 있는 위치에 있으니까 직원들이 보지 못하는 위험을 미리 볼 수 있지. 따라서 자네는 만약 직원이 잘못된 방향으로 계속 간다면 곤란한 일을 당할 수밖에 없다는 걸 본능적으로 깨닫게 될 거야. 이때는 지팡이로 살짝 옆구리를 찌르는 정도로는 안 되네. 자네가 앞에 나서서 회초리를 사용해야 돼."

"그러면 아프잖아요." 내가 말했다.

"하지만 양들이 위험에 빠지느니 잠깐 고통을 겪는 편이 낫잖나." 노이만 박사가 대답했다.

"전 양들을 말한 게 아니에요. 제가 아프다는 얘기였어요."

"정말 재미있군." 노이만 박사가 말했다.

"재미있으라고 한 얘기가 아니에요. 누군가의 기강을 잡으려고 하는 것만큼 불편한 일은 없을 것 같아요."

"음, 자네가 불편해하는 건 내 말을 완전히 이해하지 못했기 때문일세. 기강이라는 것에 대해 많은 오해가 존재하지. 그건 누군가를 제자리에 붙들어두거나 양을 죽도록 때리는 게 아냐. 마지막으로 딱 한 번만 더 기회를 주거나 손에 수갑을 채우는 것도 아니고."

"그럼 뭔데요?" 내가 물었다.

"잘못된 방향을 바로잡아주는 것. 그와 단둘이 앉아서 '이봐, 저 앞에 다리가 있어. 난 자네가 다치는 걸 보고 싶지 않아'라고 말해주는 것. 알겠나? 자네가 부하들의 기강을 잡는 건 부하들을 해치기 위해서가 아니라, 부하들을 위험으로부터 지키기 위해서일세."

"그건 알겠어요. 하지만 솔직히 말해서 저도 한두 번 기강을 잡히는 대상이 된 적이 있는데, 그게 저한테는 아주 해로운 것 같던데요."

"중요한 건 상대를 소외시키지 않으면서 올바른 방향으로 이끄는 걸세. 그건 자네가 어떤 식으로 대화를 시작하는가에 달렸어."

"그렇군요. 그럼 어떻게 대화를 시작해야 하죠?"

"상대를 가르칠 기회가 생겼다고 생각하고 대화를 시작해야지." 노이만 박사가 대답했다. "사실 '기강'을 뜻하는 라틴어 단어는 discipulus인데……."

'죽겠네. 기말시험까지 일주일밖에 안 남았는데, 이제 라틴어까지 들먹이시다니.'

"여기서 학생을 뜻하는 'pupil'이라는 단어가 나왔네. 알겠나? 기강은 벌을 내리거나 상대를 비난하는 게 아냐. 교육이지. 부하들이 지금 가고 있는 길을 더 멀리까지 내다볼 수 있게 도와줌으로써 어느 방향으로 가야 할 것인지 가르쳐주는 거란 말일세. 이건 누군가가 실수를 저질렀다고 해서 불러들이는 것과는 한참 달라. 간단히 말해서 양치기가 길을 벗어난 양에게 회초리를 던지는 건, 그가 이 양을 계속 바라보고 있었다는 뜻일세."

"그렇게 말씀하시니 알겠어요." 내가 말했다. "하지만 제가 기강을 잡으려 하는 사람이 제 말을 받아들이지 않으면요?"

노이만 박사가 빙그레 미소를 지었다. "받아들일 걸세, 테드. 그가 자네를 믿는다면."

나는 박사의 말을 잠시 생각해보았다. "그랬으면 좋겠어요." 내가 말했다. 노이만 박사에게 하는 말이라기보다는 나 자신에게 하는 말이었다.

"자네가 양치기 노릇을 제대로 했다면 받아들일 걸세, 테드. 자네가 부하직원들을 보호하기 위해 회초리를 사용했다면, 부

하직원들은 자네가 잘못을 바로잡으려고 회초리를 사용할 때
도 틀림없이 자네 말에 귀를 기울이고 자네를 존중해줄 거야."

"회초리에 맞아도 별로 아프지 않을 거라는 말씀이세요?"
내가 물었다.

"아프지 않을 거라는 뜻은 아닐세." 노이만 박사가 말했다.
"현실을 외면하면 안 되지. 자신이 지금 잘못된 방향으로 가
고 있다는 얘기를 듣고 좋아할 사람은 없어. 하지만 이런 얘
기를 하는 사람이 언제나 자신을 가장 생각해주는 사람이라
면, 직원들은 믿음직한 친구의 말처럼 그의 말을 받아들일
걸세. 하지만 자네가 믿음직한 사람이라는 걸 먼저 보여줘야
겠지."

노이만 박사는 자신의 말을 강조하기 위해 잠시 입을 다물
었다가 다시 말을 이었다. "이제 그만 돌아가세. 가서 내가 회
초리의 세 번째 용도를 얘기해주겠네."

주차장으로 돌아오면서 노이만 박사는 약속대로 회초리의
세 번째 용도를 가르쳐줄 준비를 했다.

"좋아. 첫째, 회초리는 부하들을 보호해야 할 자네의 책임을
상징하네. 둘째, 회초리는 부하들의 잘못을 바로잡아야 할 자
네의 책임을 상징하지. 셋째, 회초리는 부하들을 감독해야 할
자네의 책임을 상징하네.

지난주에 지팡이가 상징하는 책임에 대해 얘기할 때, 내가
하루를 시작할 때 양치기의 첫 번째 임무는 양들을 우리에서

데리고 나와 신선한 풀이 있는 풀밭으로 데려가는 거라고 했지? 기억나나?"

"예." 내가 대답했다.

"하루를 끝낼 때 밤을 안전하게 보낼 수 있는 곳으로 양들을 데려다주는 것도 양치기의 책임일세. 동굴도 좋고 양치기가 지은 우리도 좋아. 양치기는 우리 입구에 서서 안으로 들어가는 양들의 숫자를 세어야 하네."

"제가 말해볼게요. 회초리로 숫자를 세는 거죠?"

"바로 맞췄네. 옛날에는 이걸 '회초리 밑으로 지나간다'고 표현했지. 양치기는 혹시 잃어버린 양이 있는지 숫자를 세어볼 뿐만 아니라, 양들을 검사하면서 털을 젖힐 때도 대개 회초리를 사용했어. 털이 길게 자라면, 양의 몸에 이상이 생기더라도 털 때문에 쉽게 발견할 수가 없거든. 자네도 '남이 양털로 내 눈을 덮지 못하게 하라'는 말 들어봤지?"

"그럼요. 남에게 속아 넘어가지 말라는 뜻이죠." 내가 말했다.

"여기에서 이 말이 유래한 걸세." 노이만 박사가 말했다. "제너럴 테크놀로지스에서 부하직원들에게 양치기 노릇을 제대로 하려면 직원들의 일이 어떻게 진척되고 있는지 자네가 정기적으로 검사해야 하네. 말하자면 양털을 젖히고 잘 살펴봐야 한다는 얘기야. 병들거나 불구가 된 양이 육식동물에 밀려서 혼자 무리에서 떨어져 나가게 되는 상황을 피하려고 수단과 방법을 가리지 않는다는 얘기는 이미 했지?"

"예."

"사람들도 마찬가질세." 노이만 박사가 말했다. "회의가 끝난 다음에 사람들이 회의실 탁자 주위에 옹기종기 모여 있는 걸 얼마나 많이 봤는지 셀 수도 없어. 회의시간에는 다들 탁자에 앉아서 마치 다 알아듣는 사람처럼 고개를 끄덕여놓고, 나중에 보면 자기들끼리 왔다갔다하면서 회의시간에 오간 얘기의 의미를 파악하려고 난리야. 회의시간에는 하나같이 고개를 끄덕였지만, 실제로는 얘기를 제대로 이해하지 못했다는 사실을 드러내놓고 말하는 사람은 하나도 없었네.

그러니까 직원들에게 일이 어떻게 진행되고 있는지 정기적으로 물어보는 건 자네의 의무일세. 자네에겐 직원들을 발전시킬 책임이 있으니까."

"그럼 제가 이런 의무를 어떻게 수행해야 하는지 조언해주실 수 있나요?" 내가 물었다.

"아마 자네가 일을 해나가면서 배우게 될 거야." 노이만 박사가 대답했다. "지나치게 서두르지만 않는다면 별로 어렵지 않아. 주기적으로 직원들을 찾아가서 일이 잘되고 있는지 물어보게. 자네가 도와줄 일이 없는지, 분명하게 설명을 해줬으면 하는 부분이 없는지 물어봐. 자네가 아무리 '문제가 있으면 나를 찾아오라'고 말해도 가장 도움이 필요한 직원들이 자네에게 도와달라고 요청하는 걸 제일 꺼릴 걸세. 양떼 속에 섞이려고 수단과 방법을 가리지 않는 병든 양과 똑같아. 명심하게,

테드. 양털을 젖히고 살펴보는 건 자네 책임이지 직원들 책임이 아냐."

내가 이 말을 곱씹고 있을 때 박사가 다시 입을 열었다. "말이 나온 김에 하나만 더 얘기하지."

"뭔데요?"

"자네가 일의 진척 상황에 대해 물었을 때 절대 도움을 요청하지 않는 사람이 있다면, 그건 그가 자네 앞에서 솔직해질 수 있을 만큼 자네를 믿지 못하거나 자네가 그의 성장을 위해 충분한 과제를 제시해주지 못했다는 뜻일세. 만약 후자의 경우라면, 자네는 직원들의 발전에 도움이 될 만한 프로젝트를 더 열심히 찾아다녀야 해. 직원들의 능력이 발전하지 않는 건 직원들의 성장을 막는 양치기 때문이니까. 자네는 이런 일이 일어나지 않도록 감독하기 위해 회초리를 휘둘러야 하네."

"후자의 경우라고 하셨는데요, 만약 전자의 경우라면 어떻게 하죠?"

노이만 박사가 운동장을 벗어나면서 내 몸에 팔을 둘렀다. "지난 몇 주 동안 우리가 얘기했던 일들을 하면 되네." 선생님이 단언하듯 말했다. "그러면 자네 부하직원들이 자네를 믿지 못하거나 따르지 않을까 봐 걱정할 필요가 없을 거야. 이제 학교로 돌아가세. 나도 기말시험 준비를 해야 하니까."

"아이고, 기말시험."

"힘들겠지." 노이만 박사가 씩 웃었다. "하지만 기말시험은 자네의 공부가 얼마나 진행되고 있는지 검사하기 위해 양털을 젖혀보는 내 나름의 방식일세."

"고맙다고 말씀드려야 하는 거죠? 제가 선생님의 시험을 어떻게 준비해야 하는지 혹시 충고해주실 수 있나요?"

나는 내게 도움이 될 만한 정보를 한 조각 얻을 수 있지 않을까 기대하고 있었다.

"그럼." 노이만 박사가 대답했다. "강의 첫날부터 마지막 날까지 수업시간에 오간 얘기를 전부 다 공부하면 되네."

"이토록 분명하게 말씀해주시니 정말 고맙네요."

"그렇다니 기쁘구먼. 그건 그렇고, 다음주 토요일 저녁에는 뭐할 건가?"

"시험이 끝난 다음에요? 별다른 계획은 없는데요. 아마 쓰러져 자겠죠."

"그러면 안 되지. 아내와 내가 오후 다섯 시쯤에 자네를 저녁식사에 초대하고 싶은데."

나는 활짝 웃으며 고개를 끄덕였다. 너무나 좋은 계획 같았다.

그날 밤 공부를 시작하기 전에 나는 양치기의 원칙에 관한 메모를 살펴보았다. 이제 메모가 점점 완성되고 있었다. 나는 이 메모에 그날 노이만 박사에게 배운 것들을 덧붙였다.

양치기의 원칙 6 : 잘못된 방향을 바로잡는 회초리

· 보호 : 공격자와 양 사이에 끼어들어서 자신의 양을 위해 싸운다.

· 바로잡기 : 기강을 잡는 것을 교훈을 가르쳐줄 기회로 생각한다.

· 감독 : 직원들의 일이 어떻게 진행되고 있는지 정기적으로 물어본다.

7 양치기의 마음을 품어라

저녁식사 시간 무렵의 하늘에는 해가 낮게 걸려 있었다. 나는 더없이 피곤하면서도 기운이 넘쳤다. 피곤한 것은 기말시험을 이제 막 끝냈기 때문이고, 기운이 넘치는 것은 시험이 끝났다는 사실 때문이었다. 2년 동안 거액의 등록금을 내고, 헤아릴 수도 없이 많은 강의를 듣고, 무수한 시간을 잠도 못 자고 지새우며 사례연구를 하고, 문제를 풀고, 시험 준비를 한 끝에 마침내 MBA 과정이 끝난 것이다. 이제 이틀 후면 졸업이었다. 내가 해낸 것이다!

그러나 내가 졸업을 앞두고 조금은 우울해질 것이라고는 미처 생각하지 못했다. 같은 수업을 들었던 학생들이 지난 2년 동안 지금처럼 함께 모여 시간을 보낸 적이 없었다. 전쟁을 하다 보면 묘한 동료가 생긴다더니 그 말이 맞는 모양이었다. 학교 친구들은 세계 각지의 다양한 사회계층 출신이었는데도, 어느새 우리 사이에는 강한 유대감이 형성되어 있었다. 힘겨운 학위 과정을 함께 겪은 덕분이었다.

학위 과정을 무사히 마쳤다는 만족감과 2년이라는 지난 세월에 대한 아쉬움을 어느 정도 상쇄해준 것은 바로 그날 밤 나를 초대해준 잭 노이만 박사와 박사의 부인이었다. 학생들은 서로 줄 것은 주고 받을 것은 받는 강의실 분위기 속에서 교수에게 느끼는 친근감이 대개 거짓이라는 것을 알고 있다. 학생과 교수의 상호작용은 진짜지만, 그건 어디까지나 학교라는 공간에만 한정된 일이다. 대학교수들은 공인이지만 사생활도 분명히 존재한다. 따라서 교수의 집에 초대받는 것은 교수의 개인적인 공간에 들어와도 좋다는 허락을 받는 것과 같다. 나는 잭 노이만 박사의 집에 발을 들여놓게 된 것을 커다란 특전으로 생각했다. 내가 이 세상에서 노이만 박사만큼 존경하는 사람도, 감탄하는 사람도 없었기 때문이다.

그날 밤 우리는 베란다에서 너무나 훌륭한 식사를 즐겼다. 식사를 마친 후 노이만 박사와 나는 커피를 마시며 지난 일들과 앞으로 일어날 일들을 얘기했다.

"학교를 무사히 마친 것을 축하하네. 자넨 정말 잘해냈어. 대견해."

"고맙습니다. 오늘 밤에는 저도 여러 면에서 제 자신이 대견

하다고 생각해요. 미국 최고의 MBA 과정 중 하나인 이 학교에 합격한 것도 자랑스럽고, 이제 졸업하게 된 것도 자랑스러워요. 학교에서 지금의 친구들과 수업을 같이 들은 것도 자랑스럽고, 제가 잘해냈다는 것도 자랑스럽고. 하지만 제가 가장 자랑스럽게 생각하는 건요, 노이만 박사님, 박사님의 수업을 들었다는 겁니다."

"고맙네, 테드. 정말 듣기 좋은 말이구먼. 나도 자네를 가르치게 돼서 기뻤네."

"한 가지가 더 있어요. 제가 박사님의 제안을 받아들여서 토요일마다 따로 수업을 들은 것도 정말 잘한 일이라고 생각해요."

우리는 잠시 말없이 앉아서 교사와 학생이 함께 해야 할 일을 완수했을 때만 느낄 수 있는 만족감을 즐겼다.

"정말 놀라워요." 마침내 내가 입을 열었다.

"뭐가 놀랍다는 건가?" 노이만 박사가 물었다.

"학교 공부가 끝났다는 것. 믿을 수가 없어요. 제가 처음으로 강의를 들으러 간 게 어제 일만 같은데. 그때는 제가 무슨 생각으로 여기 발을 들여놨는지 모르겠다면서 잘해나갈 수 있을지 불안해하고 있었거든요. 그런데 지금은 모든 게 다 끝났잖아요."

나는 바닥을 뚫어지게 바라보았다.

노이만 박사가 일어나서 커피잔을 탁자 위에 탁 내려놓았다.

"자, 맥브라이드 군," 노이만 박사가 말했다. "MBA 과정은 끝났을지 몰라도 내 과정은 아직 끝나지 않았네. 아직은 아냐. 자네가 배워야 할 것이 아직 하나 남았거든."

"농담이시죠?" 나는 가능한 한 무표정하게 시침을 떼며 말했다.

"농담이 아냐." 노이만 박사가 대답했다. "왠지 분위기가 너무 감상적으로 흐르는 것 같은데, 우리 산책이나 하면서 양들이 잘 있나 한번 살펴보세."

노이만 박사의 목장에 있는 집은 박사의 땅과 박사가 저 아래 산중턱에서 소중히 기르고 있는 양떼를 굽어보는 커다란 언덕 꼭대기에 있었다. 양들은 잔잔한 연못 옆의 무성한 풀밭에서 조용히 풀을 뜯어 먹고 있었다. 연못은 산책을 하는 사람들에게 그림 같은 풍경을 선사해주었고, 우리가 양치기의 원칙에 관해 마지막으로 나누게 될 가장 중요한 얘기의 아름다운 배경이 되어주었다.

"테드. 내가 지도력에 관해 배운 것을 자네에게 가르쳐주게 되어 즐거웠네. 하지만 아직 우리가 얘기하지 않은 게 하나 남아 있어."

"그게 뭔데요?" 내가 말했다.

"비용. 우리가 말한 방식으로 지도자 노릇을 하려면 지도자가 많은 대가를 치러야 한다네."

"무슨 대가요?"

"시간, 헌신, 개인적인 에너지. 자네 자신을 바쳐야 한다는 뜻이야, 테드. 자네가 지금 배우고 있는 것은 경영기법이 아니라 전체적인 시각일세. 양치기의 원칙은 양떼의 가치를 중요하게 생각하는 지도자의 생활방식이야.

이런 지도자가 되고 싶다면, 테드, 제너럴 테크놀로지스에서 부하직원들의 양치기가 되고 싶다면, 거기에 커다란 대가가 따른다는 것도 알아둬야 하네. 길을 잘못 든 직원을 구해줄 때 자네는 자네 자신을 바쳐야 하고, 회초리를 휘둘러 직원들에게 고통을 줄 때는 감정적인 대가를 치러야 하지. 별로 하고 싶지 않은 일들도 해야 해."

노이만 박사는 이제부터 자신이 다음에 할 얘기가 만만치 않은 것임을 내게 보여주려는 듯 고개를 절레절레 흔들었다.

"위대한 지도자가 되는 건 힘든 일일세. 게다가 무자비하기까지 하지. 위대한 지도자 노릇을 잘해내는 사람들은 기꺼이 대가를 치를 각오가 되어 있기 때문에 해낼 수 있는 걸세. 자네도 이 사실을 미리 알고 있어야 해."

"알겠습니다."

"자네가 정말로 알고 있기를 바라네." 노이만 박사가 말했다. "자네가 기꺼이 대가를 치르겠다고 각오하지 않는다면 자네 직원들이 대가를 치르게 될 테니까."

"무슨 말씀이세요?"

노이만 박사가 잠시 지난 일을 회상하다가 입을 열었다. "몇 주 전에 우리가 본 불쌍한 양떼 기억나나?"

"예."

"녀석들의 양치기는 양치기 노릇을 제대로 하기 위해 기꺼이 대가를 치를 각오가 되어 있지 않았어. 그래서 한심한 지도자 대신 양들이 대가를 치르게 된 거지. 내가 하고자 하는 말이 바로 이걸세. 누군가는 반드시 대가를 치러야 한다는 것. 단지 누가 대가를 치르는가가 문제일 뿐이지. 하지만 이건 양들이 결정할 일이 아냐. 양떼를 돌보는 사람이 내려야 할 결정이지. 그러니까 자네는 매일 제너럴 테크놀로지스에 출근하면서 그날 자네의 지도력에 대해 누가 대가를 치를 건지, 자네가 치를 건지 직원들에게 치르게 할 건지를 결정하게 될 걸세."

노이만 박사가 내 눈을 똑바로 바라보며 물었다.

"테드, 이 양치기가 왜 기꺼이 대가를 치르려 하지 않았는지 아나?"

"대가가 너무 크다고 생각했겠죠."

"그렇기도 하고 아니기도 해. 미시경제 기억나나? 어떤 일과 관련해서 사람이 기꺼이 치를 수 있는 대가는 그가 일에 부여하는 가치에 대해 상대적이다. 양치기가 대가를 치르려 하지 않은 건 대가가 너무 크다고 생각했기 때문이 아니라 양들의 가치를 너무 낮게 평가했기 때문일세. 양치기들은 이런 사람을 '직원'이라고 부른다네."

"직원이요? 그게 무슨 뜻이죠?"

"직원이란 양을 돌보는 것이 직업이기 때문에 마지못해 하는 사람을 가리키는 말일세." 노이만 박사가 설명했다. "이런 사람한테 양은 단순히 봉급을 받게 해주는 대상에 지나지 않아. 나와 직원의 차이, 나는 기꺼이 대가를 치르는 반면 그는 치르지 않는 이유가 바로 이걸세. 그는 돈을 위해 양을 돌보지만, 나는 양을 사랑하기 때문에 양을 돌보지. 이게 둘 간의 차이를 만들어내는 거야."

우리는 심오한 의미를 지닌 이 마지막 말을 곰곰이 생각하며 점점 침묵 속에 빠져들었다. 잠시 후 노이만 박사가 다시 입을 열었다.

"지난 몇 주 동안 우리는 사람들을 양치기처럼 돌보는 것이 어떤 것인가에 대해 많은 이야기를 나눴네. 테드, 자네가 이걸 알아챘으면 좋겠어. 양치기를 양치기로 만드는 건 지팡이나 회초리가 아니라 바로 마음일세. 훌륭한 지도자가 별 볼일 없는 지도자와 다른 건 바로 부하들을 생각하는 마음 때문이야."

"저도 선생님 생각에 동의해요." 내가 말했다. "하지만 정확히 무슨 뜻이죠?"

"자네가 부하들을 어떻게 이끄는가는 부하들을 바라보는 자네의 시각에 달렸네." 노이만 박사가 대답했다. "부하들을 생각하는 마음이 없는 사람은 마음이 있는 사람과는 다른 시선으로 부하들을 바라볼 거야. 부하들을 단지 자기 일이나 방해하는 귀찮은 존재라고 생각해서 양치기처럼 부하들에게 자신을 바치려 하지 않겠지. 제대로 한번 해보자면서 한동안은 시늉을 내기도 하겠지만, 지난 몇 주 동안 우리가 얘기했던 모든 일을 실천할 의욕이 생기지는 않을 걸세. 그냥 남의 돈을 받고 일하는 직원처럼 일할 뿐이지. 그리고 결국은 대가가 너무 크다는 결론을 내리고 오로지 자기 일에만 정신을 쏟을 걸세. 부하들은 스스로 알아서 하도록 내버려두고서 말이지."

바로 이때 우리는 양떼가 있는 곳에 이르렀다. 우리가 울타리 출입문으로 들어가는데도 양들은 우리한테 거의 주의를 돌리지 않았다. 그저 바삐 풀을 뜯어 먹을 뿐이었다. 노이만 박사가 팔꿈치로 내 옆구리를 슬쩍 찌르며 말했다.

"잘 보게!"

박사가 목에서 나오는 소리로 낮게 양들을 불렀다. 그러자 사방에 흩어져 있던 양들이 마치 마법에 걸린 것처럼 선생님에게 모여들었다. 노이만 박사는 허리를 숙여 양들을 쓰다듬어주기 시작했다. 손으로 귀를 만져주고, 머리를 톡톡 두드려주고, 옆구리를 긁어주었다. 선생님이 양들에게 각각 이름을 지어주었다는 사실이 경이로웠다. 그러나 솔직히 나는 이미 이런 일로 놀라는 단계는 지나 있었다.

"잘 있었냐, 검은발!" 선생님이 소리쳤다. "그래, 갈색귀!"[1]

지난 몇 주 동안 나는 노이만 박사가 이 양들과 맺고 있는 특별한 관계를 이해하게 되었다. 맨 처음 선생님과 수업을 시작했던 토요일의 일을 돌이켜보면서 나는 노이만 박사의 양들을

'냄새나는 녀석들'이라고 불렀던 것이 적잖이 당혹스러웠다. 또한 그날 내가 양들을 내 공부와 시간을 방해하는 귀찮은 존재로 여겼다는 것을 알 수 있었다. 물론 양들이 사람과 다르다는 사실은 나도 알고 있었지만, 나 자신이 원래 눈앞의 임무에만 너무 집중하는 유형이라서 부하들을 귀찮은 존재로 보기 쉽다는 사실도 알 수 있었다. 이 사실이 자꾸만 마음에 걸렸다.

나는 노이만 박사가 양들과 교류하는 모습을 지켜보았다. 박사와 양들은 틀림없이 서로의 존재를 기꺼워하고 있었다. 나는 한 가지 사실을 확실히 알 수 있었다. 잭 노이만 박사는 '직원'이 아니라는 것. 박사는 양들을 사랑하고 있었다!

선생님이 시선을 들고 나와 눈을 마주쳤다. "그래 어떻게 생각하나?"

"굉장히 인상적인데요. 어떻게 하신 거죠?"

노이만 박사가 몸을 일으켰다. "혀 뒤쪽에서 나는 소리로 양들을 부르면 돼. 이렇게……." 선생님은 다시 고개를 살짝 숙이고 아주 낮은 소리로 "타후"[2]라고 외쳤다.

"별로 어려울 것 같지 않은데요."

"그럼 한번 해보지 않겠나?" 노이만 박사가 권유했다.

"아뇨, 못하겠어요. 굉장히 쑥스러울 거예요."

"그런 생각은 하지 말게." 노이만 박사가 단호하게 말했다. "양치기들은 각자 독특한 소리로 양들을 부르지. 그래서 우리 집 양들은 내 소리에 반응한다네. 자네도 한번 해보게. 할 수 있어."

"그럼 해볼게요. 웃지 마세요."

"안 웃어, 테드. 어서 해보게."

나는 한두 걸음 뒤로 물러나서 고개를 숙인 다음 최대한 노이만 박사의 목소리를 흉내 냈다.

"타후!"

노이만 박사가 씩 웃으며 내게 다가왔다. "잘했네, 테드. 상당히 잘했어. 자네가 양들을 한번 불러보겠나?"

"그럴 수 있으면 좋지요!"

"좋아. 저쪽 풀밭으로 가서 울타리에 등을 대고 건너편의 양들도 모두 들을 수 있을 만큼 분명하게 소리를 질러보게."

"예. 옛날 대학에 다닐 때처럼 한번 해볼게요."

이제는 아까보다 더 자신감이 생겼지만, 나는 울타리까지 걸어가는 동안 내내 작은 소리로 연습을 계속했다. 내가 양들을 부를 수 있을지 확신할 수 없는데다 스승님 앞에서 실패하기도 싫었기 때문이다.

"준비됐어요." 내가 자리를 잡으며 말했다.

"어서 해보게, 테드."

"타후!" 나는 자신 있게 소리를 냈다.

그러나 양들은 제자리에 가만히 서 있기만 할 뿐이었다.

"괜찮네, 테드." 노이만 박사가 소리쳤다. "한 번 더 해봐."

"그럴게요. 타후!!"

양들은 여전히 내 소리를 무시했다.

"잘하고 있네, 테드." 노이만 박사가 날 도와주기 위해 내 쪽으로 걸어오면서 소리쳤다. "포기하지 말게. 이번엔 좀더 깊은 소리가 났어."

나는 고개를 끄덕였다. "타후우우우!"

이번에는 양 두어 마리가 내 쪽을 바라보았다.

내가 있는 곳까지 절반쯤 걸어온 노이만 박사가 목소리를 높였다. "바로 그걸세, 테드. 이번엔 조금 더 크게 해봐."

나는 숨을 깊이 들이쉬었다. "타아후우우우우우!!"

양 여러 마리가 내 쪽으로 고개를 돌렸다. 노이만 박사가 내 옆으로 다가와서 말했다.

"거의 다 된 것 같네, 테드. 한 번만 더 해보게."

"예." 나는 약간 숨을 헐떡이며 대답했다. "타아아후우우우우우!!!"

풀밭에 있던 거의 모든 양이 고개를 돌려 나를 바라보았다. 그러나 녀석들은 눈을 몇 번 껌벅거리더니 다시 고개를 돌려 풀을 뜯어 먹기 시작했다.

"저한테 안 오잖아요!" 내가 낙담해서 말했다.

"그렇지." 노이만 박사가 작은 소리로 속삭였다. "하지만 녀석들은 틀림없이 자네를 아주 재미있다고 생각했을 걸세. 나도 그랬거든."

선생님은 터져 나오는 웃음 때문에 눈에 눈물이 고여 있었다.

"노이만 박사님, 지금 제가 놉케리를 갖고 있었다면 당장 박사님께 사용했을 거예요!"

나 역시 웃음을 터뜨리지 않으려고 무진 애를 쓰고 있었다.

노이만 박사가 눈물을 닦았다.

"우리가 토요일을 함께 보내던 것이 많이 그리울 걸세." 선생님이 껄껄 웃어대며 말했다. 나에게 하는 말이라기보다는 혼잣말에 더 가까웠다.

"제가 박사님을 즐겁게 해드렸다니 기쁜데요." 내가 말했다.

"어." 박사는 숨을 고르려고 애쓰면서 말했다. "실컷 포식을 한 뒤에 이러면 안 되는데. 배가 다 아프네."

"전 아직도 모르겠어요. 양들이 왜 저한테는 안 온 거죠? 저도 박사님과 똑같은 소리로 불렀는데."

노이만 박사가 입이 귀에 걸릴 정도로 활짝 웃었다. "지금까지 내가 냈던 소리보다 자네 소리가 더 좋았어. 솔직히 난 지금까지 만나본 양치기들 중에서 자네 소리가 제일 좋다고 생각하네!"

"그만두세요. 전 지금 진지해요. 양들이 왜 저한테는 안 온 거죠?"

"이것 참. 양들은 때로 아주 멍청하게 굴지만, 테드, 누구 목소리에 대답해야 할지 결정할 때는 아주 신중해진다네. 양들이 낯선 사람의 부름에 응하지 않는다는 건 이미 분명하게 밝혀진 사실이야."[3]

"이유가 뭔데요?"

"낯선 사람이 믿어도 되는 사람인지 알 수 없기 때문이지. 테드, 자네가 세상에서 가장 훌륭한 양치기가 될 수는 있겠지만, 양들이 자네를 '자기들의' 양치기로 인식하지 않는다면 녀석들에게 자네는 단지 낯선 사람일 뿐이야.

여기 중요한 원칙이 있네. 지도력에 대한 최종 테스트는 양떼의 방향을 정해주는 것이 아닐세. 내가 원하는 곳으로 양떼를 이끌 수 있는가 하는 점이지. 테드, GT의 부하직원들이 자네를 자기들의 양치기로 생각하지 않는다면 자네를 제대로 신뢰하기 어려울 것이고, 따라서 진심으로 자네를 따르지 못할 걸세. 자네가 불렀을 때와는 달리 내가 불렀을 때 이 양들이 내게로 온 것은 나를 자기들의 양치기로 믿어도 된다는 걸 녀석들이 알고 있기 때문이야."

"무슨 말씀인지 알겠어요. 직원들에게 좋은 양치기 노릇을 함으로써 제가 따를 만한 가치가 있는 사람이라는 걸 보여주라는 거군요."

"정확하네. 우리가 수업시간에 얘기했던 그대로야. 수익의 질은 투자의 질을 바탕으로 결정된다. 부하들에게서 충성과 신뢰를 돌려받고 싶다면 자네가 먼저 부하들에게 충성과 신뢰를 투자해야 하네. 그래서 돌려받는다고 표현하는 거야. 자네가 부하들을 건성으로 이끌면 부하들도 자네를 건성으로 따를 걸세. 하지만 자네가 부하들에게 자네 자신을 투자하면, 부하들을 진심으로 생각한다면, 부하들은 진심으로 자네를 따름으로써 자네의 투자에 대한 수익을 돌려줄 걸세."

노이만 박사는 잠시 숨을 고르다가 다시 입을 열었다.

"내 성공에 비결이 있다면, 테드, 바로 이걸세. 나는 이미 30년 전에 마음을 정했어. '직원'이나 이방인이 되지는 않겠다고 말이야. 난 양치기가 되어야겠다고 결심했네. 몇 주 전에 자네가 내게 사람들을 이끄는 법에 대해 가르쳐달라고 했지? 나는 내가 지금까지 배운 것, 내가 알고 있는 것을 자네에게 가르쳤네. 이제 어떤 지도자가 될지 결정하는 건 자네 몫이야."

"노이만 박사님." 내가 결연하게 말했다. "저도 양치기가 되겠어요."

노이만 박사가 미소를 지었다. "말 안 해도 알고 있네."

"저도 '직원'이나 이방인이 되지는 않을 거예요." 내가 단호하게 말했다.

"그래, 테드. 나도 자네가 '직원'이나 이방인이 될 거라고는 생각하지 않아."

"고맙습니다. 노이만 박사님?"

"응?"

"제가 그런 사람이 되지 않을 거라는 걸 어떻게 아시죠?" 내가 물었다.

"자네가 내 연구실로 와서 사람을 관리하는 법을 가르쳐달라고 했던 거 기억하나?"

"물론이죠."

"그때 내가 뭐라고 했지?"

"졸업 때까지 토요일을 전부 포기하라고 하셨어요."

"그래. 내가 토요일을 전부 포기하라고 말한 데는 현실적인 이유도 한몫했네. 내가 너무 바빠서 토요일밖에 시간을 낼 수 없었거든. 하지만 그때 자네가 몰랐던 게 있어, 테드. 내가 자네를 시험하고 있었다는 것. 난 자네가 얼마 되지도 않는 자유 시간을 기꺼이 포기할 각오가 되어 있는지 알아보고 싶었네. 자네가 양치기의 원칙을 배우기 위해 그만한 대가를 치를 각오가 되어 있지 않다면, 양치기의 원칙을 실행하기 위해 대가를 치를 리가 없으니까."

그 순간 나는 잭 노이만 박사가 내게 얼마나 많은 투자를 했는지 깨달았다. 박사는 내게 단순히 양치기의 원칙을 가르치기만 한 것이 아니었다. 나를 위해 양치기의 원칙을 직접 몸으로 보여주기까지 했던 것이다. 너무 고마워서 가슴이 벅차오르기 시작했다. 내가 존경하는 분이 나를 믿어주시다니. 내가 제너럴 테크놀로지스에서 성공하고 싶어하는 데는 수없이 많은 이유들이 있었지만, 이제 거기에 또 하나의 이유가 덧붙여졌다. 잭 노이만 박사가 자랑스러워하는 제자가 되겠다는 것.

"선생님이 저를 위해 너무 큰일을 해주셔서 어떻게 감사해야 할지 모르겠어요."

"나한테 감사할 필요 없네. 나도 모든 순간이 즐거웠으니까. 특히 언덕 위에서 양들을 부를 때." 선생님이 내 어깨에 한 손을 얹었다. "테드, 자네는 내 투자에 대해 좋은 수익을 올려주면 되네. 자네가 여기서 배운 것을 실천에 옮기고, 다른 사람들한테도 전해줘."

"그럴게요. 반드시 약속을 지키도록 하겠습니다."

양치기의 원칙 7 : 양치기의 마음을 품어라

· 위대한 지도력은 기교가 아니라 생활 자체에 의해 결정된다.
· 자신과 부하들 중 누가 지도력의 대가를 치를 것인지 매일 결정해야 한다.
· 무엇보다도 양들을 아끼는 마음이 있어야 한다.

"그 후로 45년이 흘렀습니다, 펜택 씨." 시어도어 맥브라이드가 40층에 있는 사무실 창가에서 돌아서며 단언하듯 말했다. "그때부터 난 매일 선생님과의 약속을 지키려고 애썼어요. 이 회사에 들어온 첫날 나는 부하직원들에게 나 자신을 투자하겠다고 결심했습니다. 잭 노이만 박사님과 함께 봤던, 방치된 양들의 모습이 기억 속에 생생했으니까."

맥브라이드는 나를 향해 시선을 돌리며 말했다. "난 내가 돌보는 사람들이 방치된 양과 같은 꼴이 되도록 내버려두지는 않겠다고 결심했습니다. 믿기 어려운 소리겠지만, 나는 텍사스의 구릉지대에서 노이만 박사님이 가르쳐준 것들을 그대로 실행했습니다. 세월이 흐르는 동안 내 부하직원들은 거의 예외 없이 박사님이 말씀하신 대로 반응하더군요. 지금까지 나타난 결과만 봐도 확실히 알겠는데요." 내가 말했다.

"뭐, 우린 세계에서 가장 뛰어난 사람들을 뽑을 수 있었습니다. 게다가 우리 양떼는 남의 떡이 더 크다고 생각하는 증세에 감염되지 않았어요. 제너럴 테크놀로지스에 들어오려고 애쓴 사람들의 명단은 여기서 나가려 했던 사람들의 명단보다 훨씬 더 굉장합니다. 우리 직원들은 여기서 정말로 일하고 싶어해요. 그래서 GT의 직원 근속률은 《포춘》지가 선정한 50대 기업에 드는 미국의 모든 기업 중 제일 높은 축에 속하지요."

"그걸 아주 중요하게 생각하시는 것 같군요." 내가 메모를 하면서 말했다.

"물론입니다." 맥브라이드가 대답했다. "게다가 이건 노이만 박사님이 얼마나 시대를 앞선 사람이었는지 보여주는 증거이기도 해요. 1957년이면 경제가 제조업 단계에 머물러 있을 때입니다. 시장에서는 조립라인과 규격화가 가장 중요했죠. 당시 사람들은 삶의 질에 대해 오늘날만큼 관심이 없었어요. 하지만 지금은 서비스경제 시대, 정보 시대입니다. 고객의 요구를 만족시키는 것과 공정이 가장 중요하죠. 따라서 기업의 자산 중에는 지적 자산이 많아요."

"죄송하지만, 무슨 말씀이신지……."

"직원들의 능력과 지식이 기업의 경쟁력을 결정한다는 뜻입니다."

"그러니까 노하우를 말씀하시는 거군요."

"그래요." 그가 대답했다. "지금 사람들은 삶의 질에 관심이 많기 때문에 어떤 풀밭에서 풀을 뜯을 건지 조심스럽게 결정합니다. 따라서 재능 있는 직원들을 계속 붙들어두는 것이 경쟁력을 유지하는 열쇠죠."

"무슨 말씀인지 알 것 같습니다." 내가 말했다. "제너럴 테크놀로지스의 가장 커다란 경쟁력은 바로 직원들입니다."

맥브라이드가 나를 향해 미소를 지었다. "아무래도 당신과 인터뷰를 하기로 한 것이 역시 현명한 결정이었다는 생각이 드는군요."

"고맙습니다." 내가 의자에서 몸을 조금 더 똑바로 펴며 말했다. "칭찬해주셔서 감사합니다. 하지만 제가 잘 이해할 수 없는 얘기가 하나 있습니다."

"그래요?"

"노이만 박사님이 시대를 앞선 사람이라고 하셨죠."

"그랬죠."

"하지만 박사님은 양치기들이 수천 년 전부터 양들을 이끌었다고 말씀하셨잖습니까?"

"아, 그게 혼란스러운 거군요." 맥브라이드가 말했다. "아주 오래전부터 있었던 양치기의 원칙이 어떻게 오늘날에도 효과를 발휘하는지 알고 싶다는 거죠?"

"예. 그리고 회장님처럼 양치기 같은 지도자가 많지 않은 이유도요."

"양치기의 원칙이 수천 년이 지난 지금도 효과를 발휘하는 건 사람들의 기본적인 욕구가 근본적으로 똑같기 때문입니다." 맥브라이드가 설명했다. "부하들을 양치기처럼 이끄는 지도자가 왜 많지 않은지에 대해서는 노이만 박사님이 직접 대답을 해주셨죠. 위대한 지도자가 되려면 대가를 치러야 하는데, 이 대가를 기꺼이 치르려는 사람이 너무 적다고요."

"그럼 노이만 박사님은 어떻게 되셨나요?"

"오래전에 돌아가셨습니다." 맥브라이드가 말했다. "돌아가신 지 오래됐지만 잊혀지지는 않았어요."

이 말을 하면서 맥브라이드는 창가를 떠나 책상 반대편 벽으로 걸어갔다. 그를 따라 시선을 돌리자 벽에 막대기 두 개가 걸려 있는 것이 보였다. 하나는 길고 다른 하나는 짧았다. 맥브라이드가 끝 부분이 둥글게 휘어져 커다란 곡선을 그리고 있는 긴 막대기를 손으로 쓸었다.

"박사님이 유언을 통해 이걸 제게 주셨습니다. 그분이 너무나 그리워요. 나는 이 벽을 장식하고 있는 많은 상을 받았습니다, 펜택 씨. 한 사람이 다 받기에는 지나치게 많다 싶을 정도로. 하지만 모든 걸 다 합쳐도 이 막대기만큼 의미 있지는 않습니다. 잭 노이만 박사님은 내게 자신의 표식을 남겨두셨습니다. 내가 성공할 수 있었던 것은 대부분 그분 덕분입니다. 세상에서 가장 위대한 경영비결을 내게 가르쳐주셨으니까요. 박사님은 부하직원들의 머릿속에 충성심과 헌신을 심어주는 방법을 나에게 가르쳐주셨습니다. 직원들이 스스로 원해서 나를 따르게 만들려면 어떻게 직원들을 이끌어야 하는지 가르쳐 주셨습니다. 단 한 순간도 그분 생각을 하지 않은 적이 없습니다."

맥브라이드는 천천히 자신의 책상으로 돌아와서 말을 이었다. "오늘 우리가 나눈 이야기를 들었다면 그분은 아주 자랑스러워하셨을 겁니다. 적어도 자신이 내게 투자한 것에 대해 훌륭한 수익을 거뒀다고 생각하셨을 거예요."

"그럼 이제 그분의 가르침을 다 실천하신 셈이네요."

"그분의 말씀을 퍼뜨리는 일이 남았죠." 그가 의자에 앉으면서 말했다. "그분이 내게 가르쳐주신 것을 지금의 젊은 학생들에게 가르치는 것."

"그래서 인터뷰 요청을 받아들이셨군요. 그 분의 말씀을 퍼뜨리고 싶어서."

"이제야 알아주는군요." 맥브라이드가 작은 소리로 쿡쿡 웃으면서 말했다. "우리 회사는 내일 후계자가 정해지는 대로 내가 은퇴할 거라는 발표를 할 겁니다. 이 역시 그분의 말씀을 퍼뜨리기 위한 조치예요."

나는 순간적으로 몸을 꼿꼿이 세우고 메모지를 넘겼다. "후계자가 누구인지 말씀해주실 수 있습니까?" 내가 흥분한 목소리로 물었다.

"그건 나중에 다른 인터뷰에서." 맥브라이드가 솜씨 좋게 답변을 피했다. "내 후계자가 '직원'이나 이방인이 아니라는 것은 말씀드릴 수 있습니다. 내 양떼를 최고가 아닌 다른 양치기에게 넘겨줄 생각은 없어요."

"회장님이 물러나신 후 이 회사가 어떻게 될 거라고 생각하십니까? GT가 쇠퇴할까 봐 걱정되시지는 않나요?"

"전혀 걱정하지 않습니다. 여기 직원들이 가장 뛰어나고 가장 똑똑한 사람들이라고 이미 말했잖습니까. 게다가 나는 GT 가족들에게 45년 동안 우리가 어떤 사람들인지 줄곧 얘기했습니다. 우리 직원들은 이 울타리가 무너지는 걸 가만히 두고 보지는 않을 겁니다. 그러기에는 GT 방식에 너무 흠뻑 빠져 있으니까요."

"음, 양치기의 원칙 말씀인가요?"

맥브라이드가 미소를 지었다. "그래요, 양치기의 원칙."

바로 이때 맥브라이드의 인터콤에서 크리스티나 니클의 목소리가 들려왔다.

"맥브라이드 회장님, 지구장과의 전화회의가 10분 남았습니다." 그녀가 말했다.

"고마워요, 크리스티나." 그가 나를 바라보며 탁자 위로 손을 내밀었다. "오늘 와줘서 고맙습니다. 시간을 내줘서 고마워요. 당신이 어떤 기사를 쓸지 기대하고 있겠습니다."

"감사합니다." 나는 맥브라이드와 악수를 하면서 말했다. "이렇게 좋은 기회를 제게 허락해주셔서 감사합니다. 최선을 다해 기사를 쓰겠습니다."

"당연히 그러시겠지요." 맥브라이드가 말했다. "안녕히 가세요."

내가 자리에서 일어날 때쯤에는 크리스티나 니클이 나를 엘리베이터까지 안내하기 위해 이미 문 앞에 대기하고 있었다. 우리가 맥브라이드의 사무실을 나서자마자 크리스티나의 전화가 울렸다. 그녀가 전화를 받으러 뛰어간 사이 나는 살짝 열린 문틈으로 시어도어 맥브라이드라는 훌륭한 인물을 바라보았다. 그는 거대한 책상에 앉아서 방 건너편을 응시하고 있었다. 45년간의 인생과 벽에 걸린 지팡이와 놉케리를.

"고맙습니다, 노이만 박사님." 그가 속삭였다. "박사님이 아니었다면 절대로 해낼 수 없었을 겁니다."

맥브라이드는 한동안 책상에 혼자 앉아 있었다. 과거의 기억 속에 푹 파묻혀서. 잠시 후 거대한 책상의 왼쪽 아래 서랍으로 손을 뻗는 그의 얼굴에 작은 미소가 번졌다. 그는 서랍에서 낡고 해진 노트를 꺼내 책상 위에 놓았다. 그리고 너덜너덜 해진 노트 표지를 열어 첫 번째 페이지를 펼쳤다. 누렇게 변한 종이 위에 세월의 힘 때문에 점점 희미해지고 있는, 잉크로 갈겨 쓴 문구가 적혀 있었다.

'양치기의 원칙'.

2. 양들의 됨됨이를 파악하라

1. Barbara Smith, Mark Aseltine, Geral Kennedy, Beginning Shepherd's Manual, 2d ed.(Ames, Iowa : Iowa State University Press, 1997), p. 19.

2. Rick Warren, "When You Say Someone Is SHAPED for Ministry, What Do You Mean?," Rick Warren's Ministry Toolbox no. 52(2002년 3월 22일자), p. 1에서 따온 것임.

3. Phillip Keeler, A Shepherd Looks at Psalm 23(Grand Rapids : Zondervan, 1970), p. 32에서 따온 것임.

3. 양들과 일체감을 갖도록 하라

1. 같은 책, 23쪽.

4. 목장을 안전한 곳으로 만들어라

1. 이 용어를 처음 만들어낸 사람은 하버드 경영대학원의 애덤 브란덴버거와 예일 경영대학원의 배리 네일버프이다. 이 단어는 두 사람이 1996년에 더블데이 출판사에서 펴낸 책의 제목이기도 하다.

2. Keller, A Shepherd Looks at Psalm 23, p. 28.

3. 같은 책, 35쪽.

4. 같은 책, 44쪽.

5. 방향을 가리키는 지팡이

1. Smith, Aseltine, Kennedy, Beginning Shepherd's Manual, p. 8.

2. Larry Pierce, The New John Gill Exposition of the Entire Bible, Modernised and Adapted for the

Computer(Winterbourne, Ontario : Online Bible),
http://www.studylight.org/com/geb.

3. M. G. Easton, Illustrated Bible Dictionary, 3d
   ed.(Thomas Nelson, 1897). 저작권이 소멸되었으므로 자
   유로이 복사할 수 있음.
4. Smith, Aseltine, Kennedy, Beginning Shepherd's
   Manual, p. 73.
5. Donald T. Phillips, Lincoln on Leadership : Executive
   Strategies for Tough Times(New York : Warner, 1993),
   p. 38.
6. Keller, A Shepherd Looks at Psalm 23, p. 103에서 따온
   것임.
7. Jack Welch, John A. Byrne, Jack : Straight from the
   Gut(New York : Warner Business, 2001), p. 29.

6. 잘못된 방향을 바로잡는 회초리

1. Fred H. Wright, Manners and Customs of Bible
   Lands(Chicago : Moody Press, 1953), p. 149.
2. Keller, A Sheperd Looks at Psalm 23, p. 95.

7. 양치기의 마음을 품어라

1. Wright, Manners and Customs of Bible Lands, p. 157.
   (요한복음 10장 3절도 참조)
2. 같은 책, 155쪽.
3. 같은 책.